WHAT'S *for* BREAKFAST?

MÜSLI!

MAJA NETT

WHAT'S for BREAKFAST? MÜSLI!

Edition
Fackelträger

EAT
MORE
OF
WHAT
MAKES
YOU

INHALT

EINLEITUNG

Mit der Vielfalt von Müsli bin ich auf einer USA-Reise zum ersten Mal konfrontiert worden: Rohe Müslihappen, gebackene und ungebackene Riegel in den verschiedensten Geschmacksrichtungen, Knuspermüsli mit Quinoa oder Oatmeal – das amerikanische Porridge. Doch nicht nur die Supermärkte sind voll davon, vor allem in Cafés gibt es die Vielfalt an leckeren und häufig auch recht gesunden Müslisnacks zum Frühstück.

Mittlerweile schwappt diese Welle auch langsam aber sicher zu uns herüber. Bisher gab es neben klassischem Birchermüsli in der Regel nur die Fertigmischungen als Früchte- oder Schokomüsli und mit jeder Menge Zucker versetzte Knuspermischungen. Lange Listen mit überflüssigen Inhaltsstoffen und billigen Zutaten, die einfach unnötig sind. Warum also nicht einfach selber machen?

Ein halbes Jahr lang habe ich in meinem Blog unter www.moeyskitchen.com jeden Freitag ein selbst gemachtes Müslirezept zum Wochenende veröffentlicht, das sogenannte „Müsli der Woche". Die Rubrik wurde von meinen Lesern so dankbar angenommen, sodass mir die Idee zu diesem Buch kam.

In insgesamt vier Kapiteln widme ich mich hier der Vielfalt von Müsli – ob als klassische Flockenmischung für jeden Tag, in der Knuspervariante fürs Wochenende, als warmer Brei für kalte Wintertage, als Drink für stressige Arbeitstage oder in Riegel- oder Bites-Form zum Mitnehmen, für den Energiekick zwischendurch.

Müsli ist vielmehr als ein paar Flocken in einer Schüssel mit Milch. Warmes Müsli wärmt an kalten Tagen und macht schön satt, Knuspermüsli mit Joghurt und frischen Früchten versüßt uns den Sonntagmorgen und rohe Dattelkugeln spenden neue Energie am Schreibtisch. Ob normale Milch, vegane Pflanzenmilch oder Orangensaft – jeder hat seinen Favoriten als Beilage. Auch Joghurt, Quark oder Smoothies sind passende Begleiter zu Flocken und Kernen. Jedes Rezept ist variabel und kann auf den eigenen Geschmack umgestrickt werden.

Wer sich glutenfrei ernähren muss, greift zu einer glutenfreien Flockenvariante, wer sich vegan ernährt, ersetzt den Honig im Rezept einfach durch Agavendicksaft oder Reissirup. Der Fantasie sind keine Grenzen gesetzt, solange das Mischungsverhältnis eingehalten wird. Zu jedem Rezept gibt es eine kleine Anmerkung, oft auch noch Variationsmöglichkeiten.

Viel Spaß beim Ausprobieren und Nachmachen!

TONY
Mail

cornflakes

quinoa

FLOCKEN, SAATEN, KEIME UND SAMEN

Grundbestandteile jeder Müslimischung sind Flocken, Saaten, Keime und Samen.

Haferflocken sind kohlenhydrat- und eiweißreich, enthalten ungesättigte Fettsäuren, Ballaststoffe, Vitamine, Zink, Eisen, Calcium und Magnesium. Das macht sie zu einem perfekten Grundnahrungsmittel und zur idealen Ausgangsbasis für ein bekömmliches und sättigendes Frühstück. Sie sind der Hauptbestandteil der Rezepte in diesem Buch.

Man unterscheidet zwischen feinen oder Feinblatt-Haferflocken, die aus zerkleinerten Haferkörnern gewalzt werden, sowie den kernigen oder Großblatt-Haferflocken, die aus dem vollen Korn hergestellt werden. In Knuspermüslis und knackigen Mischungen kommen vorwiegend die kernigen Haferflocken zum Einsatz, in Porridge und Overnight Oats, also Müslis, die über Nacht eingeweicht werden, greift man eher auf feine Flocken zurück, da diese bessere Quelleigenschaften aufweisen. Es lohnt sich auf jeden Fall immer, beide Varianten für die Müsliherstellung vorrätig zu haben. Hafer enthält wenig Gluten und wird bei Unverträglichkeiten oft gut vertragen. Meist kommt es in der Produktion jedoch zu Verunreinigungen durch anderes Getreide, sodass bei einer glutenfreien Ernährung auf andere Flocken zurückgegriffen werden sollte.

Roggen, Weizen, Dinkel, Hirse und **Reis** gibt es ebenfalls in Flockenform. Sie bieten eine geschmackliche und kernige Abwechslung und können gut mit Haferflocken gemischt werden oder diese ersetzen. Oft sind sie auch Bestandteil fertiger Flockenmischungen wie 3-Korn- oder 5-Korn-Flocken. Wer die verschiedenen Flocken nicht einzeln kaufen möchte, um sie zusammenzumischen, kann auf die im Handel erhältlichen Flockenmischungen zurückgreifen und damit die in den Rezepten angegebenen Flocken einfach im gleichen Gewichtsverhältnis ersetzen.

Quinoa, Amarant und **Buchweizen** gehören nicht zu den echten Getreidearten, sondern werden als Pseudogetreide bezeichnet. Wie echtes Getreide sind sie reich an Kohlenhydraten, Eiweiß, ungesättigten Fettsäuren und Mineralstoffen. Sie können in Müslis ähnlich wie Hafer, Weizen und Dinkel in Flockenform oder als gepuffte Körner verwendet werden. Dazu sind sie glutenfrei und bieten bei Unverträglichkeiten eine echte Alternative zu Getreideflocken. In den Rezepten können Pseudogetreideflocken nach Geschmack im gleichen Gewichtsverhältnis echte Getreideflocken ersetzen. Quinoa sollte vor der Verarbeitung gründlich gewaschen werden.

Neben den klassischen Flocken gibt es auch **Flakes,** die dem Müsli noch einen anderen Biss geben. Sie bestehen meist aus Mais (Cornflakes), Dinkel oder Weizen und wurden im Vergleich zu roh gewalzten Flocken zuvor gekocht und getrocknet und sind damit extra knusprig. Man erhält sie auch ganz ohne Zusätze oder nur leicht gesüßt und muss deswegen nicht auf gezuckerte Frühstücksflakes zurückgreifen. Flakes eignen sich nur für klassische Mischungen oder zum Garnieren von Müsli, da sie in Verbindung mit Flüssigkeit schnell aufweichen und breiartig werden.

Gepuffte oder auch gepoppte **Samen** und **Körner** bieten eine weitere Abwechslung in der Müslimischung. Was beim Popcornmais funktioniert, verwandelt auch Dinkel, Quinoa, Hafer, Amarant, Weizen oder Reis durch Hitze und Druck in knusprig-leichte Müslizugaben, die eine einfache Flockenmischung schnell aufpeppen können. Sie sind ebenfalls ungesüßt oder nur mit etwas Honig veredelt erhältlich. Auch hier empfiehlt es sich, gepuffte Körner unter einfache Flockenmischungen zu rühren oder als Topping auf fertiges Müsli zu geben, da sie schnell aufweichen und ihren Biss verlieren.

Kleie, meist aus Weizen oder Hafer, wird vorrangig aus den Schalen und dem Keimling des Getreides gewonnen. Sie ist reich an Ballaststoffen, Kohlenhydraten und Eiweiß, gut sättigend und stark quellend und bietet sich im Müsli gut als Bindemittel für eine bessere Konsistenz an. Häufig kommt sie in Knuspermischungen oder eingeweichten Müslis zum Einsatz und sollte immer in Verbindung mit ausreichend Flüssigkeit verwendet werden. Alternativ zur Kleie können auch Flohsamen- oder Hanfsamenschalen, die beide ebenfalls viele wertvolle Inhaltsstoffe enthalten, zum Müsli gegeben werden.

Leinsamen haben einen nussigen Geschmack, enthalten einen hohen Anteil an mehrfach ungesättigten Omega-3-Fettsäuren, Vitaminen, Folsäuren und weiteren wichtigen Mineralstoffen und Spurenelementen. Je nach Sorte erhält man gelbe oder braune Leinsamen. Geschrotet kann man sie ähnlich wie Kleie als hochwertigen Füllstoff für Müslimischungen verwenden. **Chia-Samen** bieten ähnliche Mineralstoffe und quellen stark auf. Damit eignen sie sich hervorragend für Overnight Oats. **Sonnenblumenkerne** enthalten reichlich ungesättigte Fettsäuren, Vitamine, Magnesium und weitere hochwertige Mineralstoffe. Sie sind eiweißreich und lassen sich gut in Müslimischungen oder als Topping verwenden. **Sesamsamen** haben ebenfalls einen nussigen Geschmack und sind in verschiedenen Farben von goldgelb bis schwarz erhältlich. Sie sind reich an einfach ungesättigten und mehrfach ungesättigten Fettsäuren sowie an Calcium und hochwertigen Eiweißen. Pur oder geröstet ergänzen sie mit ihren wertvollen Inhaltsstoffen viele Müslimischungen.

NÜSSE, KERNE UND GETROCKNETE FRÜCHTE

Nüsse und Kerne

Nüsse und Kerne ergänzen viele Müslimischungen mit ihrem erdigen Geschmack und ihren hochwertigen Inhaltsstoffen. Sie sind reich an ungesättigten Fettsäuren, Ballaststoffen, Eiweiß, Vitaminen sowie hochwertigen Mineralstoffen und Spurenelementen.

Zu den echten Nüssen gehören **Walnusskerne** und ihre Unterarten, die **Pekannusskerne,** dazu **Macadamiakerne** und **Haselnusskerne.** Man kann sie roh oder geröstet verwenden, grob hacken oder fein vermahlen und so für verschiedene Zubereitungsformen einsetzen.

Cashewkerne und **Paranusskerne** gehören botanisch gesehen nicht zu den Nüssen, werden jedoch genau wie sie verwendet. Gerade Cashewkerne zeichnen sich durch ihren milden bis neutralen Geschmack und ihre vielfältigen Einsatzmöglichkeiten aus.

Mandeln, Kokosnüsse und **Pistazien** zählen zu den Steinfrüchten und werden ebenfalls häufig den Nüssen zugeordnet und wie diese verwendet. Mandeln sind in vielfältiger Form erhältlich und kommen im Müsli vor allem als ganze, gehobelte, gestiftelte oder gehackte Mandelkerne zum Einsatz. Durch ihren milden Geschmack können sie in vielen Müslimischungen eingesetzt werden und ihnen dadurch mehr Biss geben. Von der Kokosnuss kommt vor allem das getrocknete Fruchtfleisch zum Einsatz. Als getrocknete, grobe Kokoschips oder feine gemahlene Kokosflocken verleihen sie vielen Müslimischungen einen exotischen Geschmack.

Im Handel sind häufig **Edelnussmischungen** oder fertige **Nusskernmischungen** zu finden, die alternativ zu einzeln erhältlichen Nüssen und Kernen verwendet werden können. Man kann sie einfach im gleichen Gewichtsverhältnis austauschen und nach eigenem Geschmack anpassen. **Studentenfutter** ist meist eine Mischung aus verschiedenen Nüssen und Trockenfrüchten. Anstatt einzelne Kerne und Früchte zu kaufen und zusammenzumischen, kann man auch problemlos auf fertige, ungesüßte Studentenfuttermischungen zurückgreifen und diese im Rezept einfach 1:1 gegen Nüsse und Trockenfrüchte austauschen.

Trockenfrüchte

Trockenfrüchte sind eine großartige Ergänzung zu Flocken, Nüssen und Kernen in Müslimischungen. Sie verleihen ihnen eine fruchteigene Süße und ein eigenes Bissgefühl.

Haupttrocknungsverfahren ist dabei das Dörren, bei dem die Früchte bei niedrigen Temperaturen langsam und schonend getrocknet werden. Werden die Trockenfrüchte bei vielen industriellen Herstellungsverfahren geschwefelt, um ihre Farbe zu erhalten und einer Fäulnis vorzubeugen, gibt es heute immer mehr Hersteller, die auf das Schwefeln verzichten. Gedörrtes Obst ist von Natur aus süß und benötigt keinen weiteren Zuckerzusatz. Sogenannte Softfrüchte werden oft mit speziellen Trocknungsverfahren hergestellt und enthalten mehr Restfeuchte als klassisches Dörrobst. Dadurch sind sie oft weicher und eignen sich besonders für die Zubereitung von rohen Müsliriegeln und Müsli-Bites. Alternativ können klassische Trockenfrüchte vor der Verwendung auch einfach einige Minuten in heißem Wasser eingeweicht werden.

Beliebte Trockenfrüchte, die in den verschiedenen Müslimischungen häufig zum Einsatz kommen, sind **Datteln, Feigen, Aprikosen, Rosinen** und ihre Artverwandten **Korinthen, Sultaninen** und **Weinbeeren,** außerdem **Pflaumen** und **Zwetschgen, Sauerkirschen, Heidelbeeren** und **Äpfel** oder **Birnen.** Getrocknete **Cranberrys** werden meist gesüßt angeboten, da sie von Natur aus sehr sauer sind. Auch exotische Früchte wie **Papayas, Mangos, Ananas** oder **Physalis** sind mittlerweile in getrockneter Form erhältlich und eröffnen völlig neue Geschmackswelten im Müsli. **Bananen** werden häufig als Chips angeboten, wobei diese oft frittiert und gesüßt sind. Auch da gibt es aber Varianten, die in nativem Kokosöl frittiert und nur mit Honig gesüßt werden. Es gibt jedoch auch getrocknete Bananen, die weder frittiert noch gesüßt werden, deren Konsistenz aber mehr der von klassischem Dörrobst entspricht.

Eine weitere Verwendungsmöglichkeit ist die von gefriergetrocknetem Obst. Gerade **Himbeeren, Erdbeeren, Heidelbeeren, Bananen** oder **Sauerkirschen** werden auch ohne weitere Zusätze in gefriergetrockneter Form angeboten. Die kräftigen Farben, das Aroma und die in den Früchten enthaltenen Vitamine bleiben durch das schonende Verfahren weitgehend erhalten. Durch die kaum noch enthaltene Restfeuchte haben die Früchte auch eine längere Haltbarkeit. Dadurch eignen sie sich hervorragend für klassische Müslimischungen und Knuspermüslis.

Die meisten Nüsse, Kerne und Trockenfrüchte kommen nur in geringen Mengen in den Müslimischungen zum Einsatz. Reste sollten immer luftdicht verpackt und kühl gelagert werden. Nüsse und Kerne lassen sich auch wunderbar einfrieren und nach Bedarf auftauen, damit sie nicht ranzig werden. Ansonsten eignen sich fast alle Zutaten auch als kleine Snacks im Büro oder in der Uni und können als Knabberei gut mitgenommen werden.

Zubehör

Zum Abwiegen der Zutaten lohnt sich der Einsatz einer guten **digitalen Küchenwaage,** die auch kleinere Mengen sauber abwiegen kann. Gerade für die Overnight Oats und Drinks, die immer mit einer Portion angegeben sind, benötigt man häufig nur geringe Mengen an Nüssen und Früchten. Hat man nur eine grobe oder analoge Waage, lohnt sich vielleicht schon die Anschaffung einer kleinen, preisgünstigen **Löffelwaage,** mit der man Kleinstmengen abwiegen kann.

Ein **scharfes Messer** in Verbindung mit einem **rutschfesten Schneidebrett** hilft die groben Nusskerne und große Trockenfrüchte wie Datteln oder Feigen in feine Stücke zu schneiden.

Zudem ist für einige Rezepte wie für rohe Müsliriegel oder Müsli-Bites der Einsatz eines starken **Multizerkleinerers** oder **Blitzhackers** unerlässlich. Ein einfacher Pürierstab kommt dabei schnell an seine Grenzen, ein Blender ist oft zu groß für die eher kleinen Mengen. Wer ein solches Gerät nicht besitzt, kann stattdessen versuchen, die Nüsse und Früchte mit einem Hackmesser möglichst fein zu zerkleinern und mit Hilfe eines Mörsers zu einer Art Paste verreiben.

Honey

Butt rmilk

Süssungsmittel, Fette und Flüssigkeiten

Süßungsmittel

Klassische Müslimischungen, besonders mit zugesetzten Trockenfrüchten, brauchen häufig keine weitere Süße. Auch rohe Müsliriegel und Müsli-Bites kommen allein mit der Süße der darin enthaltenen Früchte aus.

In Overnight Oats, Porridge und Haferbrei oder bei eher neutralen Mischungen kann der Einsatz von weiteren Süßungsmitteln sinnvoll sein. Die Dosierung ist dabei vom eigenen Geschmack abhängig, das Gleiche gilt für die Wahl des Süßungsmittels.

Auf weißen Zucker wird in diesem Buch fast vollständig verzichtet, gibt es doch gesündere und geschmackvollere Alternativen. In Backrezepten kommt stattdessen häufig **Rohrohrzucker** zum Einsatz. In Knuspermüslis ist die Verwendung von Süßungsmitteln allein für die Konsistenz und das Ergebnis erforderlich. Neben Rohrohrzucker kommen hier häufig **heller Sirup** (Goldsirup) oder **Honig** in cremiger oder flüssiger Form zum Einsatz. Auch diese Zutaten können nach eigenem Geschmack getauscht werden, wobei ein festes Süßungsmittel immer gegen ein solches und ein flüssiges Süßungsmittel gegen ein gleichwertiges ausgetauscht werden sollte. So kann der Rohrohrzucker durch **Kokosblütenzucker** in trockener Form getauscht werden. Dabei muss das korrekte Verhältnis durch Probieren gefunden werden, da viele Süßungsmittel nicht rein im gleichen Gewichtsverhältnis getauscht werden können.

Wer sich vegan ernährt und auf Honig verzichten möchte, kann diesen problemlos durch neutralen **Agavendicksaft** oder durch **Reissüße** austauschen.

Eine feine Karamellnote erreicht man durch die Verwendung von **Ahornsirup**. **Apfelsüße,** auch bekannt als Apfeldicksaft, oder auch **Birnendicksaft** verfügen wiederum über eine ganz andere Süßkraft als andere Süßungsmittel.

Ein heller Blütenhonig ist auch wesentlich milder und feiner als ein kräftigerer Waldhonig – auch hier entscheidet der eigene Geschmack über die Wahl des passenden Süßungsmittels.

Fette

Fette kommen in diesem Buch in den Backrezepten sowie in erster Linie bei den Knuspermüslis zum Einsatz. Erst durch die Verwendung von Zucker und Fett erhält das Knuspermüsli die gewünschte Konsistenz.

Butter eignet sich vor allem für Kekse, Muffins und gebackene Müsliriegel und ist immer meine erste Wahl, wenn es um Gebäck geht. In den Knuspermüslis sorgt sie jedoch für eine kürzere Haltbarkeitsdauer, da sie schneller ranzig werden könnte. Dafür empfiehlt sich hier der Einsatz von hochwertigen Ölen.

Ein neutrales und kalt gepresstes **Rapsöl** oder auch **Sonnenblumenöl** eignet sich hervorragend, um die Flocken komplett damit zu umschließen. Dadurch rösten sie gleichmäßiger und werden knusprig. Auch natives **Kokosöl,** das bei Raumtemperatur fest ist, beim Erwärmen jedoch flüssig wird, eignet sich für die Verwendung im Knuspermüsli.

Kokosöl oder Margarine ersetzen auch die Butter in den Backwaren, gerade wenn man sich gesundheitsbewusst oder vegan ernähren möchte.

Wer ganz oder zumindest weitgehend auf Fett verzichten möchte, kann stattdessen mit Apfelmus oder zerdrückter Banane experimentieren.

Flüssigkeiten

Knuspermüsli schmeckt auch pur als Knabberei ganz hervorragend. Was wären Müslimischungen, Haferbrei oder Overnight Oats jedoch ohne ihre flüssigen Begleiter?

Die klassische erste Wahl ist in der Regel Milch. Kuhmilch gibt es in verschiedenen Fettstufen, wobei mit steigendem Fettgehalt auch der Geschmack intensiver wird. Meine erste Wahl ist in der Regel Vollmilch mit einem Fettgehalt von 3,8 %. Wer sich fettarm ernähren möchte, kann auch problemlos eine niedrigere Fettstufe verwenden.

Das Gleiche gilt für Joghurt, der sich auch hervorragend für den Genuss von Müsli eignet. Buttermilch, Dickmilch, Molke oder Kefir bringen Abwechslung ins Frühstück, sind aber nicht jedermanns Sache.

Wer keine Milchprodukte verträgt, Abwechslung auf dem Frühstückstisch möchte oder sich vegan ernährt, findet heute auch eine Vielzahl von kuhmilchfreien Alternativen im Supermarkt. Pflanzenmilch in Form von Mandelmilch, Hafermilch, Reismilch oder Sojamilch gibt es in den verschiedensten Geschmacksrichtungen. Overnight Oats bekommen einen ganz anderen Geschmack, wenn man sie mit Pflanzen- statt mit Kuhmilch zubereitet.

Auch der Einsatz von Säften ist möglich: Frisch gepresster Orangensaft oder Orangendirektsaft bringt Pepp in die Müslischüssel, ein Birchermüsli kann auch direkt in naturtrübem Apfelsaft über Nacht eingeweicht werden.

Dem eigenen Geschmack und der Fantasie sind dabei keine Grenzen gesetzt – alle Flüssigkeiten können 1:1 durch eine andere Flüssigkeit ausgetauscht werden.

MÜSLI-Classics

BASISMÜSLI MIT VARIANTEN

Los geht es natürlich mit dem absoluten Klassiker, einer simplen Grundmischung aus vier verschiedenen Flocken, Kernen und Samen. Die Mischung ist blitzschnell zusammengerührt, lässt sich ein paar Wochen gut lagern und kann immer individuell angepasst werden. Flocken und Kerne können hier problemlos nach dem eigenen Geschmack ausgetauscht werden. Wer keine Rosinen mag, lässt sie einfach weg.

FÜR 750 G MÜSLI

385 g kernige Haferflocken
75 g Dinkelvollkornflocken
75 g Roggenvollkornflocken
50 g Hirseflocken
50 g Sonnenblumenkerne
35 g geschrotete Leinsamen
30 g ungeschälter Sesam
50 g Rosinen (nach Belieben)

Alle Zutaten zusammen in eine große Rührschüssel geben und gründlich vermischen. In einen luftdichten Behälter füllen und innerhalb von wenigen Wochen verbrauchen.

TIPP: Im Frühjahr und Sommer schmeckt das Müsli besonders gut mit frischen Erdbeeren und mildem Joghurt oder mit saftigen Nektarinen und cremigem Quark.

Im Herbst und Winter genießt man es mit reifen Birnen und frischer Milch oder mit süßen Zwetschgen und säuerlicher Butter- oder Dickmilch.

Wer es etwas süßer mag, mischt einfach etwas Honig oder Ahornsirup unter das fertig angerührte Müsli.

KLASSISCHES FRÜCHTEMÜSLI

Wer seinen Tag gerne süß und fruchtig starten möchte, für den ist das Früchtemüsli sicher genau richtig. Neben einer knusprigen Flockenmischung mit Kernen, sorgen hier neben Rosinen und Aprikosen auch Datteln, Feigen und die Klassiker Apfel und Banane für eine fruchtige Note. Da kann man morgens auch mal ausnahmsweise auf das frische Obst verzichten, wenn es schnell gehen muss.

FÜR 700 G MÜSLI

200 g kernige Haferflocken
100 g Dinkelvollkornflocken
50 g Roggenvollkornflocken
30 g Hirseflocken
50 g Sonnenblumenkerne
35 g geschrotete Leinsamen
60 g Rosinen
40 g getrocknete Aprikosen
35 g getrocknete und entsteinte Datteln
30 g getrocknete Feigen ohne Stiel
30 g Apfelchips
40 g Bananenchips

Alle Flocken zusammen mit den Sonnenblumenkernen, dem Leinsamen und den Rosinen in eine große Rührschüssel geben und gut vermengen.

Das Trockenobst in grobe Stücke würfeln. Die Apfel- und Bananenchips in grobe Stücke brechen und alles zusammen unter die Müslimischung rühren.

In einen luftdichten Behälter umfüllen und das Müsli innerhalb von wenigen Wochen verbrauchen.

MILK

BEERENFRÜCHTE-MÜSLI

Wem das klassische Früchtemüsli zu langweilig ist und wer etwas Pepp in seiner Grundmischung haben möchte, dem empfehle ich diese Mischung. Die Flocken und Kerne treten hier in den Hintergrund und machen Platz für gepuffte Körner und getrocknete Beeren in Form von Himbeeren, Erdbeeren, Cranberrys und Heidelbeeren. Das bringt Schwung in die Müslischüssel!

FÜR 650 G MÜSLI

300 g zarte Haferflocken
100 g Dinkelvollkornflocken
40 g Sonnenblumenkerne
25 g gepuffter Amarant
75 g gepuffter Weizen
15 g gefriergetrocknete Erdbeerstücke
15 g gefriergetrocknete Himbeeren
50 g getrocknete Cranberrys
30 g getrocknete Heidelbeeren

Alle Zutaten in eine große Rührschüssel geben und gründlich vermengen.

In einen luftdichten Behälter umfüllen und das Müsli innerhalb weniger Wochen verbrauchen.

EXOTISCHES FRÜCHTEMÜSLI

Samba zum Frühstück! Mit dieser Mischung aus knackigen Flocken, milden Cashewkernen, Kokoschips und exotischen Fruchtstücken kommen wir morgens so richtig in Schwung und holen uns die Südsee in die Müslischale. Damit kann der Tag ja nur gut starten. Die übrigen Trockenfrüchte kann man dann noch wunderbar zwischendurch als kleine Snacks knabbern.

FÜR 700 G MÜSLI

100 g kernige Haferflocken
100 g Dinkelvollkornflocken
100 g Roggenvollkornflocken
60 g Reisflocken
60 g ungesüßte Cornflakes
60 g Cashewkerne
30 g getrocknete und entsteinte Datteln
30 g getrocknete Feigen ohne Stiel
25 g getrocknete Mangostücke
15 g getrocknete Papayastücke
25 g getrocknete Ananasstücke
25 g Bananenchips
25 g Kokoschips

Alle Flocken zusammen mit den Cornflakes in eine große Rührschüssel geben und gut vermengen.

Cashewkerne, Datteln, Feigen, Mango- und Papayastücke grob hacken und zur Flockenmischung geben. Die Ananasstücke, falls nötig, halbieren. Die Bananen- und Kokoschips in grobe Stücke brechen und zusammen mit der Ananas unter das Müsli rühren.

In einen luftdichten Behälter umfüllen und das Müsli innerhalb weniger Wochen verbrauchen.

EAT
ME

KLASSISCHES NUSSMÜSLI

Ihr mögt es gerne kernig und knackig? Prima, dann ist das Nussmüsli genau richtig. Mit fünf verschiedenen Nüssen und Kernen und knackigen Cornflakes gib es morgens richtig Power für den Tag und hält außerdem lange satt. Wer keine Lust hat die Nüsse einzeln zu kaufen und abzuwiegen, greift einfach auf eine Nusskernmischung zurück – ruckzuck hat man ein leckeres Müsli zusammengemischt.

FÜR 700 G MÜSLI

200 g kernige Haferflocken
150 g Dinkelvollkornflocken
100 g Roggenvollkornflocken
50 g ungesüßte Cornflakes
50 g Cashewkerne
50 g Haselnusskerne
40 g Walnusskerne
40 g ungeschälte Mandeln
20 g Paranusskerne

Die Flocken und die Cornflakes in eine Rührschüssel geben und gründlich, aber vorsichtig vermengen.

Die Nusskerne entweder von Hand in grobe Stücke schneiden oder in einen Multi-Zerkleinerer oder Blitzhacker geben und auf die gewünschte Größe zerkleinern. Alles zusammen gut verrühren und in einen luftdichten Behälter umfüllen.

Innerhalb von wenigen Wochen verbrauchen, da die Nüsse sonst schnell ranzig werden können.

KLASSISCHES SCHOKOMÜSLI

Naschkatzen aufgepasst! Wer schon morgens nicht auf Schokolade verzichten möchte, findet in diesem Müsli die volle Ladung Schoko. Herbes Kakaopulver und milde Vollmilchschokolade in gehackter und geraspelter Form bieten Schokovergnügen hoch drei. Cornflakes und Puffweizen sorgen außerdem für Crunch.

FÜR 700 G MÜSLI

330 g kernige Haferflocken
150 g Dinkelvollkornflocken
10 g ungesüßtes Kakaopulver
20 g Puderzucker
60 g ungesüßte Cornflakes
50 g gepuffter Weizen oder Reis
50 g Vollmilchschokolade
30 g Vollmilch-Raspel-Schokolade

Hafer- und Dinkelflocken in einer großen Rührschüssel gut vermischen.

Kakaopulver und Puderzucker in einer kleinen Schüssel gründlich miteinander vermengen, dann gleichmäßig über die Flocken sieben. Alles sehr gut verrühren. Cornflakes und Puffweizen dazugeben und wieder gut unterrühren.

Die Vollmilchschokolade grob hacken und zusammen mit den Schokoladenraspeln zum Schluss unter das Müsli heben.

Die Müslimischung in einen luftdichten Behälter umfüllen und innerhalb weniger Wochen verbrauchen.

NUTS

PFLAUME-ZIMT-MÜSLI

Würziger Zimt, weiche Trockenpflaumen und knackige Walnusskerne schmecken vor allem im Herbst und Winter nach Advent und Weihnachten und bereiten uns auf die gemütliche Jahreszeit vor. Trockenpflaumen gibt es in verschiedenen Varianten – ich bevorzuge die so genannten Soft-Pflaumen, die einfach etwas weicher und angenehmer zu kauen sind.

FÜR 600 G MÜSLI

250 g kernige Haferflocken
100 g Dinkelvollkornflocken
100 g Roggenvollkornflocken
1 TL Zimtpulver
50 g Walnusskerne
70 g Trockenpflaumen
25 g getrocknete Apfelringe

Die Flocken in einer großen Rührschüssel gut miteinander vermengen. Das Zimtpulver darübersieben und gründlich untermischen.

Walnusskerne, Trockenpflaumen und Apfelringe grob hacken und zusammen unter die Müslimischung rühren.

In einen luftdichten Behälter umfüllen und innerhalb weniger Wochen verbrauchen.

APFEL-CRANBERRY-MÜSLI

Die rustikale Mischung aus groben Flocken, gehackten Mandeln, säuerlichen Cranberrys und süßen Apfelstückchen passt hervorragend in den Herbst und schmeckt vor allem mit cremigem Joghurt. Noch mehr Pfiff bekommt das Müsli, wenn man etwas Zimtpulver direkt in die Müslimischung oder unter den Joghurt rührt.

FÜR 700 G MÜSLI

250 g kernige Haferflocken
70 g Dinkelvollkornflocken
50 g Gerstenvollkornflocken
50 g Roggenvollkornflocken
50 g Reisflocken
50 g ungesüßte Cornflakes
50 g gehackte Mandeln
50 g Cranberrys
30 g geschrotete Leinsamen
50 g Apfelchips

Alle Zutaten bis auf die Apfelchips in eine große Rührschüssel geben und gründlich vermengen. Die Apfelchips grob zerbrechen und unter die Müslimischung rühren.

In einen luftdichten Behälter umfüllen und innerhalb von wenigen Wochen verbrauchen.

FOR YOU

SCHOKO-KIBA-MÜSLI

KiBa, also die Mischung aus Kirschsaft und Bananensaft, ist ein klassisches Getränk aus Kindertagen – die Kombination funktioniert auch prima in einer Müslimischung mit Trockenfrüchten. Um das Ganze noch etwas aufzupeppen, kommt hier noch Zartbitterschokolade ins Spiel. Das hat dann nichts mehr mit Kinderparty zu tun, sondern verspricht leckerstes Frühstücksglück.

FÜR 750 G MÜSLI

250 g kernige Haferflocken
100 g Dinkelvollkornflocken
100 g Roggenvollkornflocken
50 g Buchweizenflocken
50 g gepuffter Dinkel
75 g Zartbitterschokoladentropfen
50 g getrocknete Sauerkirschen
75 g Bananenchips, grob zerkleinert

Alle Zutaten zusammen in eine große Rührschüssel geben und sehr gründlich vermengen.

In einen luftdichten Behälter umfüllen und innerhalb von wenigen Wochen verbrauchen.

KNUSPERMIX OHNE NÜSSE UND FRÜCHTE

Nicht jeder mag Nüsse und Früchte in seiner Müslimischung und nicht jeder verträgt sie. Wer außerdem auf Fett und Zucker verzichten möchte und deswegen kein klassisches Knuspermüsli zubereiten mag, findet in dieser Knuspermischung eine echte Alternative.

FÜR 750 G MÜSLI

100 g kernige Haferflocken
75 g Roggenvollkornflocken
75 g Reisflocken
70 g Quinoaflocken
50 g Gerstenvollkornflocken
50 g Buchweizenflocken
35 g ungeschälter Sesam
80 g Dinkelflakes
75 g ungesüßte Cornflakes
60 g gepuffter Weizen
80 g gepuffter Hafer oder Haferpops

Den Backofen auf 175 °C Ober- und Unterhitze vorheizen.

Hafer-, Roggen-, Reis-, Quinoa-, Gersten- und Buchweizenflocken zusammen mit dem Sesam in einer großen Rührschüssel gut vermengen, dann gleichmäßig auf einem mit Backpapier ausgelegten Backblech verteilen.

Im vorgeheizten Ofen im unteren Drittel für 12–15 Minuten rösten, bis die Flocken leicht duften. Die Flockenmischung aus dem Ofen nehmen und vollständig auskühlen lassen.

Restliche Zutaten gut unter die abgekühlte Mischung heben und alles in einen luftdichten Behälter umfüllen.

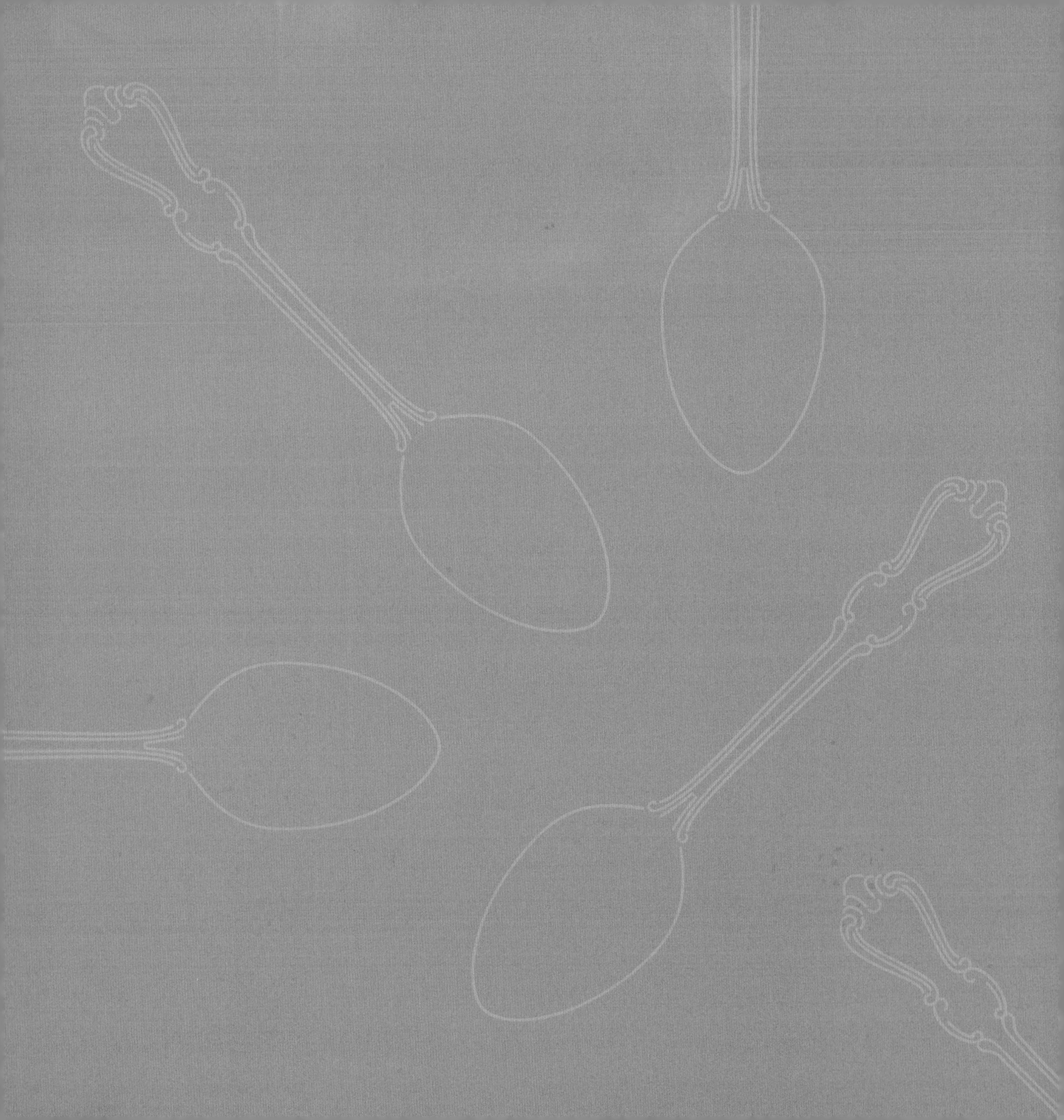

Crunchy MÜSLI

SCHOKO-KOKOS-GRANOLA

Schokolade und Kokos – das passt einfach immer. Neben den groben Kokoschips, die auch problemlos nach eigenem Geschmack gegen Kokosflocken ausgetauscht werden können, gibt das Kokosöl dem Müsli eine ganz besondere Note. Wer auf normalen Zucker verzichten möchte, kann den Sirup auch gegen 70 g Kokosblütenzucker austauschen und diesen zusammen mit der Schokolade und dem Kokosöl schmelzen.

FÜR 700 G MÜSLI

300 g kernige Haferflocken | 100 g Dinkelvollkornflocken | 100 g Haferkleie | 50 g Kokoschips 60 g Zartbitterschokolade (mind. 60 % Kakaoanteil) | 50 g heller Sirup | 60 g natives Kokosöl

Den Backofen auf 175 °C Ober- und Unterhitze vorheizen. Ein großes Backblech großzügig mit Backpapier auslegen, sodass ein Rand übersteht.

Hafer- und Dinkelflocken, Haferkleie und Kokoschips in eine sehr große Schüssel geben und alles gründlich vermischen.

Die Schokolade in Stückchen brechen und zusammen mit dem Sirup und dem Öl in einen kleinen Topf geben. Bei sehr niedriger Temperatur langsam erwärmen, bis die Schokolade vollständig geschmolzen ist. Die Mischung soll nicht kochen. Alles gründlich verrühren.

Die heiße Mischung über die Flocken gießen und sehr gründlich durchrühren. Kleine Klümpchen sollten etwas auseinandergedrückt werden.

Die Müslimischung auf das Backblech gleiten lassen, gleichmäßig verteilen und andrücken.

Das Blech ins untere Drittel des vorgeheizten Ofens einschieben und das Müsli für 15–20 Minuten backen, bis es goldbraun und knusprig wird und leicht duftet.

Das Backblech auf einem Kuchengitter auskühlen lassen. Erst wenn das Müsli auskühlt, wird es fest und knusprig. Dann das Müsli in Stücke brechen, mit einem Pfannenwender teilen oder zwischen den Händen in die gewünschte Größe zerreiben. Gleich luftdicht verpacken, am besten in einem Glas oder einer Plastikdose.

Luftdicht verpackt hält sich das Müsli an einem kühlen Ort etwa 1 Monat. Falls ihr ihm so lange widerstehen könnt!

CHOCO COCONUT

FOR WHITE
CHOC LOVERS

MACADAMIA-SCHOKO-GRANOLA

Was bei Cookies klappt, kann ja bei Müsli nicht falsch sein, oder? Macadamia-Cookies mit weißer Schokolade gehören zu meinen absoluten Lieblingskeksen, deswegen wollte ich sie in ein Müsli umwandeln. Die gerösteten, salzigen Nüsse harmonieren ganz hervorragend mit der süßen weißen Schokolade, die gleich in doppelter Form für den perfekten Genuss sorgt.

FÜR 700 G MÜSLI

200 g kernige Haferflocken | 200 g Dinkelvollkornflocken | 50 g Weizenkleie | 50 g Haferkleie | 125 g geröstete und gesalzene Macadamiakerne | 60 g natives und möglichst mildes Rapsöl | 50 g weiße Schokolade, in groben Stücken | 40 g Rohrohrzucker | 50 g weiße Schokolade, als Schokotropfen oder grob gehackt (nach Belieben)

Den Backofen auf 175 °C Ober- und Unterhitze vorheizen. Ein großes Backblech großzügig mit Backpapier auslegen, sodass ein Rand übersteht.

Hafer- und Dinkelflocken zusammen mit den beiden Kleiesorten in eine sehr große Schüssel geben und alles gründlich vermischen. Die Macadamiakerne grob hacken: kleine Nüsse halbieren, größere Exemplare vierteln. Mit zu der Müslimischung geben und gründlich verrühren.

Rapsöl, weiße Schokolade und Rohrohrzucker zusammen in einen kleinen Topf geben. Bei niedriger Temperatur erwärmen und so lange rühren, bis die Schokolade komplett geschmolzen ist und sich der Zucker etwas aufgelöst hat. Die warme Mischung über die Flocken gießen und sehr gründlich durchrühren. Wichtig ist, dass wirklich jede Haferflocke mit der Ölmischung in Berührung kommt. Kleine Klümpchen sollten etwas auseinandergedrückt werden.

Die Müslimischung auf das Backblech gleiten lassen, gleichmäßig verteilen und andrücken.

Das Blech ins untere Drittel des vorgeheizten Ofens einschieben und das Müsli für 15–20 Minuten backen, bis es goldbraun und knusprig wird und leicht duftet.

Das Backblech auf einem Kuchengitter auskühlen lassen. Erst wenn das Müsli auskühlt, wird es fest und knusprig. Dann das Müsli in Stücke brechen, mit einem Pfannenwender teilen oder zwischen den Händen in die gewünschte Größe zerreiben.

Je nach Geschmack jetzt noch die weißen Schokotropfen bzw. die gehackte weiße Schokolade unter das kalte Müsli mischen. Danach gleich luftdicht verpacken, am besten in einem Glas oder einer Plastikdose, und innerhalb von 1 Monat genießen.

AHORNSIRUP-PEKANNUSS-GRANOLA

Ahornsirup ist eine leckere Alternative zu normalem Zucker und gibt dem Müsli einen tollen Karamellgeschmack. Wer keine Pekannusskerne bekommt, kann sie auch problemlos durch Walnüsse ersetzen. Die Flockenmischung kann außerdem nach eigenem Geschmack 1:1 gegen andere Flocken ausgetauscht werden.

FÜR 600 G MÜSLI

300 g 5-Korn-Flocken | 50 g Haferkleie | 50 g Goldleinsamen | 100 g Pekannusskerne, grob gehackt 60 g natives und möglichst mildes Sonnenblumenöl | 60 g Ahornsirup

Den Backofen auf 175 °C Ober- und Unterhitze vorheizen. Ein großes Backblech großzügig mit Backpapier auslegen, sodass ein Rand übersteht.

Die 5-Korn-Flocken zusammen mit der Haferkleie, den Goldleinsamen und den Pekannüssen in eine sehr große Schüssel geben und alles gründlich vermischen.

Sonnenblumenöl und Ahornsirup zusammen in einen kleinen Topf geben. Bei mittlerer Temperatur erhitzen und einmal kurz aufkochen.

Die heiße Mischung über die Flocken gießen und alles sehr gründlich durchrühren. Wichtig ist, dass wirklich jede Haferflocke mit der Ölmischung in Berührung kommt. Kleine Klümpchen sollten etwas auseinandergedrückt werden.

Die Müslimischung auf das Backblech gleiten lassen, gleichmäßig verteilen und andrücken.

Das Blech ins untere Drittel des vorgeheizten Ofens einschieben und das Müsli für 15–20 Minuten backen, bis es goldbraun und knusprig wird und leicht duftet. Bei dieser Mischung empfiehlt es sich, alles einmal nach etwa der Hälfte der Zeit gut umzurühren und durchzumischen, dann wird es gleichmäßig knusprig.

Das Backblech auf einem Kuchengitter auskühlen lassen. Erst wenn das Müsli auskühlt, wird es fest und knusprig. Dann das Müsli in Stücke brechen, mit einem Pfannenwender teilen oder zwischen den Händen in die gewünschte Größe zerreiben.

Danach gleich luftdicht verpacken, am besten in einem Glas oder einer Plastikdose, und innerhalb von 1 Monat aufbrauchen.

1
2
3

APPLE
CINNAMON

APFEL-ZIMT-GRANOLA MIT WALNÜSSEN

Apple Pie in Müsliform? Na klar doch! In dieser leckeren Mischung kommt ungesüßtes Apfelmark zum Einsatz, das für den vollen Geschmack und eine unvergleichliche Konsistenz sorgt. Zusätzlich geben Apfelchips noch mal extra Biss. Rohrohrzucker sorgt für eine leckere Karamellnote, Walnusskerne und Sesam verleihen dem Müsli den extra Crunch.

FÜR 900 G MÜSLI

300 g kernige Haferflocken | 100 g Dinkelvollkornflocken | 100 g Haferkleie | 100 g Walnusskerne, grob gehackt | 50 g ungeschälter Sesam | 150 g Apfelmark | 80 g natives und möglichst mildes Sonnenblumenöl 75 g Rohrohrzucker | ½–1 TL Zimtpulver | 50 g getrocknete Apfelchips oder Apfelringe, grob zerbrochen

Den Backofen auf 175 °C Ober- und Unterhitze vorheizen. Ein großes Backblech großzügig mit Backpapier auslegen, sodass ein Rand übersteht.

Hafer- und Dinkelflocken zusammen mit der Haferkleie, den grob gehackten Walnusskernen und dem Sesam in eine sehr große Schüssel geben und alles gründlich vermischen. Das Apfelmark dazugeben und gut vermischen.

Sonnenblumenöl, Zucker und Zimt zusammen in einen kleinen Topf geben. Bei niedriger Temperatur langsam erhitzen, bis der Zucker sich langsam löst und die Mischung heiß geworden ist. Vorsichtig vorgehen, damit der Zucker und der Zimt nicht im Öl verbrennen und bitter werden.

Die heiße Mischung über die Flocken gießen und alles sehr gründlich durchrühren. Wichtig ist, dass wirklich jede Haferflocke mit der Ölmischung in Berührung kommt. Kleine Klümpchen sollten etwas auseinandergedrückt werden.

Die Müslimischung auf das Backblech gleiten lassen, gleichmäßig verteilen und andrücken.

Das Blech ins untere Drittel des vorgeheizten Ofens einschieben und das Müsli für 12 Minuten backen, bis es goldbraun und knusprig wird und leicht duftet. Nach der Backzeit das Müsli einmal auf dem Blech komplett durchrühren, wieder andrücken und ein zweites Mal für etwa 12 Minuten backen. Dabei aufpassen, dass die Walnusskerne nicht zu braun und bitter werden.

Das Backblech auf einem Kuchengitter auskühlen lassen. Erst wenn das Müsli auskühlt, wird es fest und knusprig. Dann das Müsli in Stücke brechen, mit einem Pfannenwender teilen oder zwischen den Händen in die gewünschte Größe zerreiben.

Durch das Apfelmark entstehen bei diesem Müsli grobe Knusperstücke, die sich vor allem mit dem Sesam und den Walnusskernen verbinden. Bei diesem Müsli ist auch besonders wichtig, dass es wirklich komplett ausgekühlt und trocken ist, damit es später in der Verpackung nicht schimmelt. Erst wenn es vollständig abgekühlt ist, die Apfelstückchen unterheben.

Gleich luftdicht verpacken, am besten in einem Glas oder einer Plastikdose, und innerhalb von wenigen Wochen verbrauchen.

Espresso-Granola mit Mokkabohnen

Wer sich seinen Kaffee morgens am liebsten intravenös zuführen möchte, dem hilft vielleicht dieses Knuspermüsli besser aus den Federn zu kommen! Instant-Espressopulver ist gefriergetrocknetes Kaffeepulver, das sofort löslich ist. Bitte nicht mit gemahlenem Espresso verwechseln.

FÜR 750 G MÜSLI

300 g kernige Haferflocken | 100 g Dinkelvollkornflocken | 100 g Weizenkleie | 3 TL gutes Instant-Espressopulver
75 g Rohrohrzucker | 70 g natives und möglichst mildes Sonnenblumenöl
75 g Mokkabohnen (Zartbitter-Mokka-Schokolade)

Den Backofen auf 175 °C Ober- und Unterhitze vorheizen. Ein großes Backblech großzügig mit Backpapier auslegen, sodass ein Rand übersteht.

Hafer- und Dinkelflocken zusammen mit der Weizenkleie in eine sehr große Schüssel geben und alles gründlich vermischen.

Espressopulver, braunen Zucker und Sonnenblumenöl mit 2 EL Wasser in einen ganz kleinen Topf geben. Bei niedriger Temperatur langsam erhitzen, bis der Zucker sich langsam löst und die Mischung heiß geworden ist. Vorsichtig vorgehen, damit der Zucker und der Kaffee nicht im Öl verbrennen und bitter werden.

Die heiße Mischung über die Flocken gießen und alles sehr gründlich durchrühren. Wichtig ist, dass wirklich jede Haferflocke mit der Ölmischung in Berührung kommt. Kleine Klümpchen sollten etwas auseinandergedrückt werden.

Die Müslimischung auf das Backblech gleiten lassen, gleichmäßig verteilen und andrücken.

Das Blech ins untere Drittel des vorgeheizten Ofens einschieben und das Müsli für 12–15 Minuten backen, bis es goldbraun und knusprig wird und leicht duftet.

Das Backblech auf einem Kuchengitter auskühlen lassen. Erst wenn das Müsli auskühlt, wird es fest und knusprig. Dann das Müsli in Stücke brechen, mit einem Pfannenwender teilen oder zwischen den Händen in die gewünschte Größe zerreiben.

Erst wenn das Müsli ganz abgekühlt ist, die Mokkabohnen unterheben. Danach gleich luftdicht verpacken, am besten in einem Glas oder einer Plastikdose, und innerhalb von wenigen Wochen verbrauchen.

MILK
EA
MOR
OF
WHAT
MAKES
YOU
HAPPY

ERDBEER-CRISPY-GRANOLA

Das Gute-Laune-Müsli! Saftige Erdbeerstückchen und knusprige Weizenpops machen dieses Müsli zu einem echten Hit. Gefriergetrocknete Erdbeeren bekommt man im Bio-Supermarkt, im Reformhaus oder in Online-Shops.

FÜR 700 G MÜSLI

300 g kernige Haferflocken | 100 g Dinkelvollkornflocken | 50 g Weizenkleie | 50 g Goldleinsamen
60 g natives und möglichst mildes Sonnenblumenöl | 60 g heller Sirup oder Karamellsirup
20 g gefriergetrocknete Erdbeerstücke | 50 g gepuffter Weizen

Den Backofen auf 175 °C Ober- und Unterhitze vorheizen. Ein großes Backblech großzügig mit Backpapier auslegen, sodass ein Rand übersteht.

Hafer- und Dinkelflocken zusammen mit der Weizenkleie und den Goldleinsamen in eine sehr große Schüssel geben und alles gründlich vermischen.

Sonnenblumenöl und Sirup zusammen in einen ganz kleinen Topf geben. Bei niedriger Temperatur langsam erhitzen, bis sich beides gut vermischt hat. Nicht zu heiß werden lassen, nur flüssig und warm.

Die heiße Mischung über die Flocken gießen und alles sehr gründlich durchrühren. Wichtig ist, dass wirklich jede Haferflocke mit der Ölmischung in Berührung kommt. Kleine Klümpchen sollten etwas auseinandergedrückt werden.

Die Müslimischung auf das Backblech gleiten lassen, gleichmäßig verteilen und andrücken.

Das Blech ins untere Drittel des vorgeheizten Ofens einschieben und das Müsli für 12–14 Minuten backen, bis es goldbraun und knusprig wird und leicht duftet. Gegebenenfalls nach 6–7 Minuten einmal gründlich durchmischen, wieder andrücken und für weitere 6–7 Minuten in den Ofen schieben.

Das Backblech auf einem Kuchengitter auskühlen lassen. Erst wenn das Müsli auskühlt, wird es fest und knusprig. Dann das Müsli in Stücke brechen, mit einem Pfannenwender teilen oder zwischen den Händen in die gewünschte Größe zerreiben.

Erst wenn das Müsli ganz abgekühlt ist, die Erdbeerstückchen und den Puffweizen vorsichtig und locker untermischen.

Danach gleich luftdicht verpacken, am besten in einem Glas oder einer Plastikdose, und innerhalb von wenigen Wochen verbrauchen.

TROPISCHES GRANOLA

Südseefeeling am Frühstückstisch – mit diesem exotischen Knuspermüsli gar kein Problem. Wer es noch karibischer haben möchte, ersetzt einfach einen Teil der Mango und Ananas durch Physalis und Papaya. So lässt es sich schwungvoll wach werden.

FÜR 900 G MÜSLI

400 g kernige Haferflocken | 50 g Haferkleie | 100 g gehackte Mandeln | 70 g natives Kokosöl 70 g Rohrohrzucker | 70 g getrocknete Mangostreifen, grob gehackt | 50 g Bananenchips, grob zerbröselt 40 g getrocknete Ananasstücke, grob gehackt | 40 g feine Kokosflocken

Den Backofen auf 175 °C Ober- und Unterhitze vorheizen. Ein großes Backblech großzügig mit Backpapier auslegen, sodass ein Rand übersteht.

Haferflocken zusammen mit der Haferkleie und den Mandelstückchen in eine sehr große Schüssel geben und alles gründlich vermischen.

Kokosöl und Zucker zusammen in einen kleinen Topf geben. Bei niedriger Temperatur langsam erhitzen, bis sich beides gut vermischt hat. Nicht zu heiß werden lassen, nur flüssig und warm.

Die heiße Mischung über die Flocken gießen und alles sehr gründlich durchrühren. Wichtig ist, dass wirklich jede Haferflocke mit der Ölmischung in Berührung kommt. Kleine Klümpchen sollten etwas auseinandergedrückt werden.

Die Müslimischung auf das Backblech gleiten lassen, gleichmäßig verteilen und andrücken.

Das Blech ins untere Drittel des vorgeheizten Ofens einschieben und das Müsli für 12–14 Minuten backen, bis es goldbraun und knusprig wird und leicht duftet. Gegebenenfalls nach 6–7 Minuten einmal gründlich durchmischen, wieder andrücken und für weitere 6–7 Minuten in den Ofen schieben.

Das Backblech auf einem Kuchengitter auskühlen lassen. Erst wenn das Müsli auskühlt, wird es fest und knusprig. Dann das Müsli in Stücke brechen, mit einem Pfannenwender teilen oder zwischen den Händen in die gewünschte Größe zerreiben.

Erst wenn das Müsli ganz abgekühlt ist, die Mangostückchen, Bananenchips, Ananasstücke und Kokosflocken locker untermischen.

Danach gleich luftdicht verpacken, am besten in einem Glas oder einer Plastikdose, und innerhalb von wenigen Wochen verbrauchen.

HULA BABY
YUMMY

HONIG-NUSS-GRANOLA

Honig und Nüsse sind immer eine gute Kombination! Wer nicht auf eine Nussmischung zurückgreifen möchte, ersetzt sie einfach 1:1 durch seine Lieblingsnüsse und -kerne nach eigenem Geschmack.

FÜR 800 G MÜSLI

150 g Nusskernmischung | 400 g 3-Korn-Flocken | 50 g ungeschälter Sesam | 50 g Goldleinsamen 70 g cremiger Honig | 80 g natives und möglichst mildes Sonnenblumenöl

Den Backofen auf 175 °C Ober- und Unterhitze vorheizen. Ein großes Backblech großzügig mit Backpapier auslegen, sodass ein Rand übersteht.

Die Nusskernmischung in einem Blitzhacker oder mit einem großen Messer in grobe Stückchen hacken und zusammen mit der Flockenmischung, dem Sesam und den Leinsamen in eine sehr große Schüssel geben. Gründlich vermischen.

Honig und Sonnenblumenöl zusammen in einen kleinen Topf geben. Bei niedriger Temperatur langsam erhitzen, bis sich beides gut vermischt hat. Nicht zu stark erhitzen oder kochen, nur flüssig und warm werden lassen.

Die heiße Mischung über die Flocken gießen und alles sehr gründlich durchrühren. Wichtig ist, dass wirklich jede Haferflocke mit der Ölmischung in Berührung kommt. Kleine Klümpchen sollten etwas auseinandergedrückt werden.

Die Müslimischung auf das Backblech gleiten lassen, gleichmäßig verteilen und andrücken.

Das Blech ins untere Drittel des vorgeheizten Ofens einschieben und das Müsli für 12-14 Minuten backen, bis es goldbraun und knusprig wird und leicht duftet. Gegebenenfalls nach 6–7 Minuten einmal gründlich durchmischen, wieder andrücken und für weitere 6–7 Minuten in den Ofen schieben.

Das Backblech auf einem Kuchengitter auskühlen lassen. Erst wenn das Müsli auskühlt, wird es fest und knusprig. Dann das Müsli in Stücke brechen, mit einem Pfannenwender teilen oder zwischen den Händen in die gewünschte Größe zerreiben.

Danach gleich luftdicht verpacken, am besten in einem Glas oder einer Plastikdose, und innerhalb von wenigen Wochen verbrauchen.

TRIPLE-MANDEL-GRANOLA MIT VANILLE

Mehr Mandel geht nicht als in diesem Triple-Mandel-Müsli mit Vanille. Die gebrannten Mandeln eignen sich auch so als Nascherei für zwischendurch oder als Geschenk aus der Küche.

FÜR 850 G MÜSLI

Für die gebrannten Mandeln:
100 g Mandeln mit Haut | 2 EL Rohrohrzucker
1 EL Vanillezucker (am besten selbstgemacht) | Mark von 1 Vanilleschote

Für das Granola:
150 g kernige Haferflocken | 250 g 5-Korn-Flocken | 100 g Haferkleie | 50 g gehackte Mandeln
50 g gehobelte Mandeln | 70 g heller Sirup (z. B. Goldsaft) | Mark von 2 Vanilleschoten
80 g natives und möglichst mildes Sonnenblumenöl

Für die gebrannten Mandeln alle Zutaten mit 2 EL Wasser in eine flache Glas- oder Keramikschüssel geben, gut verrühren und bei 600 Watt 2 Minuten in der Mikrowelle erhitzen. Herausnehmen, gut umrühren und erneut 2 Minuten garen. Das Ganze etwa zwei- bis dreimal wiederholen. Die gebrannten Mandeln auf einem mit Backpapier ausgelegten Backblech verteilen und vollständig auskühlen lassen. Grob hacken.

Alternativ kann die Mischung auch in einem kleinen Topf ganz langsam bei sehr niedriger Temperatur erhitzt werden, bis der gleiche Effekt eintrifft. Vorsichtig vorgehen, gut rühren und aufpassen, dass die Mischung nicht verbrennt.

Den Backofen auf 175 °C Ober- und Unterhitze vorheizen. Ein großes Backblech großzügig mit Backpapier auslegen, sodass ein Rand übersteht.

Hafer- und 5-Korn-Flocken zusammen mit Haferkleie, gebrannten, gehackten und gehobelten Mandeln in einer sehr großen Schüssel gründlich vermischen.

Sirup mit Vanillemark und dem Sonnenblumenöl bei niedriger Temperatur langsam erhitzen. Unter ständigem Rühren einmal aufwallen lassen, dann von der Hitze nehmen. Die heiße Mischung über die Flocken gießen und alles sehr gründlich durchrühren.

Die Müslimischung auf das Backblech gleiten lassen, gleichmäßig verteilen und andrücken. Blech ins untere Drittel des vorgeheizten Ofens einschieben und das Müsli für 14–16 Minuten backen, bis es goldbraun und knusprig wird und leicht duftet. Gegebenenfalls nach etwa 8 Minuten einmal gründlich durchmischen, wieder andrücken und für weitere 8 Minuten in den Ofen schieben.

Das Backblech auf einem Kuchengitter auskühlen lassen. Erst wenn das Müsli auskühlt, wird es fest und knusprig. Dann das Müsli in Stücke brechen, mit einem Pfannenwender teilen oder zwischen den Händen in die gewünschte Größe zerreiben.

Danach gleich luftdicht verpacken, am besten in einem Glas oder einer Plastikdose, und innerhalb von wenigen Wochen verbrauchen.

SCHOKO-BANANE-HASELNUSS-GRANOLA

Knackige Haselnüsse, knusprige Bananenchips und zarte Vollmilchschokolade – was will man mehr? Die Nüsse können auch kurz blanchiert, geschält und vorsichtig bei mittlerer Hitze und unter ständigem Rühren in der Pfanne geröstet werden.

FÜR 650 G MÜSLI

75 g ganze Haselnusskerne | 200 g 5-Korn-Flocken | 100 g kernige Haferflocken | 50 g Haferkleie | 75 g Bananenchips | 50 g geschrotete Leinsamen | 60 g natives und möglichst mildes Sonnenblumenöl | 50 g Vollmilchschokolade, in grobe Stücke zerbrochen | 50 g Vollmilchschokolade, in Tropfenform oder gehackt (nach Belieben)

Den Backofen auf 175 °C Ober- und Unterhitze vorheizen. Ein großes Backblech großzügig mit Backpapier auslegen, sodass ein Rand übersteht.

Die Haselnüsse auf das Blech geben und für 10–15 Minuten im Ofen rösten, bis sie anfangen zu duften.

Die Nüsse auf ein sauberes Geschirrtuch gleiten lassen, das Tuch falten und die Nüsse damit zudecken. So lange zwischen den Händen rubbeln und aneinanderreiben, bis sich die Schalen von den noch heißen Nüssen lösen. Die Häute entsorgen und die Nüsse etwas auskühlen lassen.

5-Korn- und Haferflocken zusammen mit der Haferkleie, den Leinsamen und den Bananenchips in eine sehr große Schüssel geben und alles gründlich vermischen. Die ausgekühlten Haselnusskerne unterrühren.

Das Sonnenblumenöl und die Schokoladenstücke zusammen in einen kleinen Topf geben. Bei niedriger Temperatur so lange erwärmen, bis die Schokolade vollständig geschmolzen ist.

Die heiße Mischung über die Flocken gießen und alles sehr gründlich durchrühren. Wichtig ist, dass wirklich jede Haferflocke mit der Ölmischung in Berührung kommt. Kleine Klümpchen sollten etwas auseinandergedrückt werden.

Die Müslimischung auf das Backblech gleiten lassen, gleichmäßig verteilen und andrücken.

Das Blech ins untere Drittel des vorgeheizten Ofens einschieben und das Müsli für 12–15 Minuten backen, bis es goldbraun und knusprig wird und leicht duftet.

Das Backblech auf einem Kuchengitter auskühlen lassen. Erst wenn das Müsli auskühlt, wird es fest und knusprig. Dann das Müsli in Stücke brechen, mit einem Pfannenwender teilen oder zwischen den Händen in die gewünschte Größe zerreiben.

Nach Belieben jetzt noch die Schokotropfen, bzw. gehackte Vollmilchschokolade unter das komplett ausgekühlte Müsli mischen.

Danach gleich luftdicht verpacken, am besten in einem Glas oder einer Plastikdose, und innerhalb von 1 Monat verbrauchen.

HIMBEER-PISTAZIE-GRANOLA MIT WEISSER SCHOKOLADE

Wer keine ungerösteten und ungesalzenen Pistazienkerne bekommt, verwendet einfach die verfügbare Variante. Die Pistazien können einfach in einem Sieb abgewaschen und mit Küchenpapier trocken getupft werden. Wer sie geröstet und gesalzen verwenden möchte, sollte den Honiganteil etwas erhöhen. Gefriergetrocknete Himbeeren erhält man im Bio-Supermarkt, im Reformhaus oder in Online-Shops.

FÜR 850 G MÜSLI

400 g 5-Korn-Flocken | 100 g kernige Haferflocken | 50 g Haferkleie | 70 g Akazienhonig oder anderer milder, flüssiger Honig | 70 g natives und möglichst mildes Sonnenblumenöl | 75 g ungeröstete, ungesalzene, geschälte Pistazienkerne | 25 g gefriergetrocknete Himbeeren | 25 g gepuffter Amarant
50 g weiße Schokolade, in Tropfenform oder gehackt

Den Backofen auf 175 °C Ober- und Unterhitze vorheizen. Ein großes Backblech großzügig mit Backpapier auslegen, sodass ein Rand übersteht.

5-Korn-Flocken zusammen mit den Haferflocken und der Haferkleie in eine sehr große Schüssel geben und alles gründlich vermischen.

Akazienhonig und Sonnenblumenöl zusammen in einen kleinen Topf geben. Bei niedriger Temperatur langsam erhitzen, bis sich der Honig weitgehend aufgelöst hat. Nicht zu heiß werden lassen, nur flüssig und warm.

Die heiße Mischung über die Flocken gießen und alles sehr gründlich durchrühren. Wichtig ist, dass wirklich jede Haferflocke mit der Ölmischung in Berührung kommt. Kleine Klümpchen sollten etwas auseinandergedrückt werden. Zuletzt noch die Pistazien gut untermischen.

Die Müslimischung auf das Backblech gleiten lassen, gleichmäßig verteilen und andrücken.

Das Blech ins untere Drittel des vorgeheizten Ofens einschieben und das Müsli für 14–16 Minuten backen, bis es goldbraun und knusprig wird und leicht duftet.

Das Backblech auf einem Kuchengitter auskühlen lassen. Erst wenn das Müsli auskühlt, wird es fest und knusprig. Dann das Müsli in Stücke brechen, mit einem Pfannenwender teilen oder zwischen den Händen in die gewünschte Größe zerreiben.

Erst wenn es ganz abgekühlt ist, die Himbeerstückchen, den Amarant und die weiße Schokolade vorsichtig und locker untermischen.

Danach gleich luftdicht verpacken, am besten in einem Glas oder einer Plastikdose, und innerhalb von wenigen Wochen verbrauchen.

MANDEL-KNUSPERMÜSLI MIT EISCHNEE

Ei im Müsli? Als steif geschlagener Eischnee macht es das Knuspermüsli schön locker und noch knuspriger. Klingt komisch, schmeckt aber großartig! Auch wenn das Müsli gebacken wird, sollte man auf Frische und Herkunft der verwendeten Eier achten.

FÜR 800 G MÜSLI

**300 g kernige Haferflocken | 50 g Dinkelvollkornflocken | 50 g Buchweizenflocken
100 g gestiftelte Mandeln | 75 g Haferkleie | 50 g Weizenkleie | 60 g natives und möglichst mildes Rapsöl
2 frische Bio-Eiweiß | 1 Prise Salz | 50 g Rohrohrzucker**

Den Backofen auf 175 °C Ober- und Unterhitze vorheizen. Ein Backblech mit Backpapier auslegen.

Haferflocken, Dinkelflocken und Buchweizenflocken zusammen mit den Mandeln und beiden Sorten Kleie in einer Rührschüssel gründlich vermischen.

Das Rapsöl in einem kleinen Topf oder in der Mikrowelle auf mittlere Temperatur erhitzen. Über die Flockenmischung gießen und alles sehr gründlich vermischen, bis alles mit dem Öl benetzt ist.

Die Eiweiße in eine große, saubere Rührschüssel geben und dem Salz sehr steif schlagen. Nach und nach den Rohrohrzucker in den Eischnee einrieseln lassen und gründlich untermischen.

Den Eischnee mit Hilfe eines großen Kochlöffels oder Teigschaber nun sehr gründlich unter die Müslimischung heben, bis alles gleichmäßig vermengt ist.

Das Müsli gleichmäßig auf dem Backblech verteilen, gut andrücken und das Blech ins untere Ofendrittel des vorgeheizten Backofens einschieben.

Für 25–30 Minuten backen und das Müsli dabei ein- bis zweimal gut durchrühren und wieder fest andrücken, damit es gleichmäßig gart und knusprig wird.

Sobald das Müsli goldbraun ist, aus dem Ofen nehmen und auf dem Blech vollständig auskühlen lassen.

Danach in einen luftdichten Behälter umfüllen und innerhalb weniger Wochen verbrauchen.

GETREIDEFREIES NUSS-KNUSPERMÜSLI MIT ROSINEN

Gehackte Nüsse kommen hier als Alternative zu Getreideflocken zum Einsatz. Wer sich getreidefrei ernähren möchte oder den vollen Nussgeschmack liebt, findet in diesem Knuspermüsli einen tollen Ersatz zu den klassischen Flockenmischungen für einen energiereichen Start am Morgen.

FÜR 800 G MÜSLI

100 g Walnusskerne | 100 g Haselnusskerne | 80 g Cashewkerne | 70 g Paranusskerne 80 g Kokoschips | 100 g gehackte Mandeln | 70 g Sonnenblumenkerne | 50 g Chia-Samen 60 g Sonnenblumenöl | 50 g Ahornsirup | 50 g Rosinen (nach Belieben)

Den Backofen auf 175 °C Ober- und Unterhitze vorheizen. Ein Backblech mit Backpapier auslegen.

Walnusskerne, Haselnusskerne, Cashewkerne, Paranusskerne und Kokoschips nacheinander in einem Multizerkleinerer oder mit einem Messer grob hacken und in eine große Rührschüssel geben. Mandeln, Sonnenblumenkerne und Chia-Samen gut unterrühren.

Das Sonnenblumenöl in einem kleinen Topf bei mittlerer Temperatur erwärmen und den Ahornsirup unterrühren. Gründlich vermischen, dann über die Nussmischung gießen und die Müslimischung sehr gründlich durchrühren, bis alles gleichmäßig mit dem Öl benetzt ist.

Die Mischung gleichmäßig auf dem Backblech verteilen und das Blech ins untere Drittel des vorgeheizten Ofens einschieben.

Die Müslimischung für 15–20 Minuten rösten, bis die Nüsse goldbraun sind und duften. Während des Backens etwa ein- bis zweimal gut durchrühren, damit alles gleichmäßig bräunt.

Das Müsli aus dem Ofen nehmen und auf dem Blech vollständig auskühlen lassen. Erst dann die Rosinen unterrühren und das Müsli in einen luftdichten Behälter umfüllen. Schnell verbrauchen, da die Nüsse und das Öl sonst ranzig werden könnten.

QUINOA-KOKOS-KNUSPERMÜSLI

Quinoa eignet sich prima für Knuspermüsli. Man erhält sie auch in Flockenform und kann damit so manches Granola aufpeppen. Aber auch im Urzustand eignet sie sich hervorragend zum Backen und sorgt für ein knuspriges Müsli mit viel Crunch.

FÜR 700 G MÜSLI

300 g Quinoa | 100 g zarte Haferflocken | 50 g Hirseflocken | 50 g gehackte Mandeln 50 g Kokosflocken | 60 g natives Kokosöl | 50 g flüssige Reissüße oder milder Honig 50 g Quinoaflocken

Den Backofen auf 175 °C Ober- und Unterhitze vorheizen. Ein Backblech mit Backpapier auslegen.

Gewaschene Quinoa, Haferflocken, Hirseflocken, Mandeln und Kokosflocken in eine Rührschüssel geben und gut vermischen.

Das Kokosöl in einem kleinen Topf bei niedriger Temperatur langsam schmelzen und die Reissüße bzw. den Honig unterrühren.

Die Flüssigkeit über die Mischung in der Schüssel gießen und alles sehr gründlich durchrühren, bis die Zutaten alle miteinander vermengt sind und alles mit Öl benetzt ist.

Die Müslimischung gleichmäßig auf dem Blech verteilen und das Blech in das untere Drittel des vorgeheizten Ofens einschieben.

Die Mischung für 20–25 Minuten backen, bis das Müsli goldbraun und knusprig ist. Während der Backzeit ein- bis zweimal durchrühren, damit alles gleichmäßig bräunt.

Das Müsli nach dem Backen vollständig auf dem Backblech auskühlen lassen, dann in einen luftdichten Behälter umfüllen.

KNUSPERMÜSLI AUS DER PFANNE MIT BUTTER, AHORNSIRUP UND PEKANNÜSSEN

Wenn es mal schnell gehen soll oder man sich Sonntagsmorgens ein spontaes Knuspermüsli wünscht, eignet sich dieses hier besonders gut. Es wird mit Butter und Ahornsirup langsam in einer großen Pfanne geröstet und kann sofort frisch und noch warm serviert werden.

FÜR 650 G MÜSLI

**300 g zarte Haferflocken | 50 g gehobelte Mandeln | 50 g Kokosflocken
25 g ungeschälter Sesam | 50 g Pekannusskerne | 75 g Butter
50 g Ahornsirup | 50 g Rohrohrzucker**

Eine große, schwere Pfanne auf mittlere Temperatur erhitzen.

Haferflocken, Mandeln, Kokosflocken und Sesam in einer Schüssel gründlich vermengen. Die Pekannusskerne grob hacken und mit unterrühren.

Die Butter in der Pfanne schmelzen. Ahornsirup und Rohrohrzucker dazugeben und leicht karamellisieren lassen.

Die Haferflockenmischung dazugeben und unter ständigem Rühren für 10–15 Minuten rösten, bis das Müsli goldbraun ist und duftet.

Noch warm servieren oder auf einem Blech vollständig auskühlen lassen und in einen luftdichten Behälter umfüllen und bald verbrauchen.

Smooth
MÜSLI

OVERNIGHT OATS MIT MANDELN, CHIA-SAMEN, AHORNSIRUP UND BLAUBEEREN

Overnight Oats sind cremige Haferflockenmischungen, die abends vorbereitet werden und über Nacht im Kühlschrank quellen. Am nächsten Morgen kann man ein bekömmliches Frühstück genießen. Gerade Chia-Samen haben hervorragende Quelleigenschaften und sorgen für eine puddingartige Konsistenz.

FÜR 1 PORTION

25 g zarte Haferflocken | 1 EL Chia-Samen | 120 ml Milch | 2 TL Ahornsirup | 2 EL gehackte Mandeln
2–3 EL frische Blaubeeren zum Servieren

Alle Zutaten bis auf die Blaubeeren in ein fest verschließbares, ausreichend großes Glas geben und gut verrühren bzw. schütteln, bis sich alles vermischt hat. Nach oben hin sollten noch ein paar Zentimeter Platz zum Deckel bleiben.

Das Glas gut verschließen und über Nacht in den Kühlschrank stellen. Am nächsten Morgen mit den Blaubeeren zum Frühstück servieren.

250ML

APPLE PIE

APPLE PIE OVERNIGHT OATS

Kuchen zum Frühstück? Na klar! Diese Overnight Oats erinnern nicht nur an leckeren Apfelkuchen, sondern sind dabei auch noch gesund! Wer kein Apfelmark bekommt oder es lieber frisch und knackig mag, reibt stattdessen einfach einen kleinen, geschälten Apfel unter das Müsli.

FÜR 1 PORTION

40 g zarte Haferflocken
125 ml Milch
60 g ungesüßtes Apfelmark
1 EL Apfelsüße
¼ TL Zimtpulver
1 Prise Salz
1 EL gehackte Mandeln oder Rosinen (nach Belieben)

Alle Zutaten in ein gut verschließbares Einmachglas geben, den Deckel aufsetzen und die Mischung kräftig durchschütteln, bis alles gleichmäßig vermischt ist.

Nach Belieben gehackte Mandeln oder Rosinen unterrühren.

Das Glas über Nacht in den Kühlschrank stellen und am nächsten Morgen kalt oder leicht erwärmt zum Frühstück servieren.

CARROT CAKE OVERNIGHT OATS

Wer meint, dass Karotten Kaninchenfutter sind, hat diese leckeren Overnight Oats noch nicht probiert! Junge Bundmöhren und kleine Karotten sind schön süß und schmecken zusammen mit getrockneter Ananas, Walnusskernen und Zimt nach köstlichem Carrot Cake.

FÜR 1 PORTION

35 g zarte Haferflocken
125 ml Milch
1 EL Honig
25 g Karotte, fein geraspelt
1 EL getrocknete Ananas, in kleinen Stückchen
1 EL Walnusskerne, gehackt
1 TL Kokosflocken
1 Prise Zimtpulver
1 Prise Salz

Alle Zutaten in ein gut verschließbares Einmachglas geben, den Deckel aufsetzen und die Mischung kräftig durchschütteln, bis alles gleichmäßig vermischt ist.

Das Glas über Nacht in den Kühlschrank stellen und die Overnight Oats am nächsten Morgen kalt oder leicht erwärmt zum Frühstück servieren.

KOKOS-MANDEL-OVERNIGHT-OATS

Wer Abwechslung zu Milch und Joghurt im Müsli haben möchte, findet eine köstliche Alternative in cremiger Kokosmilch. Zusammen mit Kokosflocken und gehackten Mandeln verspricht diese Mischung ein exotisches und gleichzeitig veganes Frühstücksvergnügen.

FÜR 1 PORTION

30 g zarte Haferflocken
1 EL Kokosflocken
1 EL gehackte Mandeln
1 EL Chia-Samen
1 kleine Dose Kokosmilch (200 ml)
1–2 EL flüssige Reissüße
etwas Mandelmilch zum Glattrühren

Alle Zutaten bis auf die Mandelmilch in ein gut verschließbares Einmachglas geben, den Deckel aufsetzen und die Mischung kräftig durchschütteln, bis alles gleichmäßig vermischt ist.

Das Glas über Nacht in den Kühlschrank stellen und die Overnight Oats am nächsten Morgen mit etwas Mandelmilch glatt rühren und mit frischen Früchten nach Wahl zum Frühstück servieren.

SCHOKO-BANANE-OVERNIGHT-OATS

Schoko und Banane ist zusammen eigentlich immer eine sichere Bank. Hier findet sich die gesunde Alternative für alle Naschkatzen, die nicht auf Schokolade zum Frühstück verzichten wollen. Herbes Kakaopulver und eine zuckerfreie Süße versprechen Genuss ohne Reue.

FÜR 1 PORTION

1 kleine, reife Banane, zerdrückt
40 g zarte Haferflocken
125 ml Milch
1 TL ungesüßtes Kakaopulver
1 EL Agavendicksaft
1 TL Chia-Samen
1 Prise Salz

Alle Zutaten in ein gut verschließbares Einmachglas geben, den Deckel aufsetzen und die Mischung kräftig durchschütteln, bis alles gleichmäßig vermischt ist.

Das Glas über Nacht in den Kühlschrank stellen und die Overnight Oats am nächsten Morgen kalt mit frischen Früchten nach Wahl zum Frühstück servieren.

milk
Good Morning,
Baby

CHAI-LATTE-OVERNIGHT-OATS

Das Kult-Getränk ist aus den Cafés nicht mehr wegzudenken. Als Pulver oder Gewürzmischung zusammen mit Milch macht es auch eine gute Figur im Müsli und sorgt für einen außergewöhnlich würzigen Geschmack.

FÜR 1 PORTION

40 g zarte Haferflocken | 125 ml Milch | 1 EL Haferkleie | 1 EL Chia-Samen | 1 TL lösliches Chai-Latte-Pulver 1 Prise Salz | 1–2 TL Honig

Alle Zutaten in ein gut verschließbares Einmachglas geben, den Deckel aufsetzen und die Mischung kräftig durchschütteln, bis alles gleichmäßig vermischt ist.

Das Glas über Nacht in den Kühlschrank stellen und die Overnight Oats am nächsten Morgen kalt oder erwärmt mit frischen Früchten nach Wahl zum Frühstück servieren.

Tipp: Die Gewürzmischung kann auch selbst zusammengestellt werden. Dazu jeweils 1 Prise Zimtpulver, gemahlenen Ingwer, Kardamom, Vanille, Muskatnuss und schwarzen Pfeffer vermengen und nach Belieben die Honigmenge etwas erhöhen.

BIRCHERMÜSLI 2.0

Das klassische Birchermüsli von Herrn Bircher-Benner wurde noch mit Kondensmilch oder Sahne zubereitet und diente vor allem einer Schonkost-Ernährung. Wir pimpen es heute lecker auf und genießen es als gesundes und bekömmliches Frühstück.

FÜR 1 PORTION

40 g zarte Haferflocken | 1 EL gemahlene Haselnusskerne oder Mandeln | 150 ml Milch | 1 kleiner Apfel 1 TL Zitronensaft | 50 g Naturjoghurt | 1 TL flüssiger, milder Honig

Haferflocken, gemahlene Nüsse und Milch in einen gut verschließbaren Behälter geben und gut durchmischen. Deckel aufsetzen und die Mischung über Nacht im Kühlschrank quellen lassen.

Am nächsten Morgen den Apfel schälen, entkernen und über die Müslimischung reiben. Zusammen mit dem Zitronensaft gut unterrühren. Joghurt und Honig auf das Müsli geben und direkt servieren.

VARIANTE: Nach Belieben können gehackte Mandeln oder Rosinen untergemischt werden. Wenn keine Zeit zum Frühstücken bleibt, lässt sich die Mischung am nächsten Morgen auch gut pürieren und als Drink genießen – dazu einfach etwas mehr Joghurt unterrühren.

KLASSISCHES PORRIDGE

Porridge-Rezepte gibt es so viele, wie es britische Familien gibt. Die traditionsbewussten Schotten bereiten es ganz klassisch nur mit einer bestimmten Sorte Haferflocken, Wasser und Salz zu. Es gibt diverse Abhandlungen über die verwendeten Haferflocken, das Verhältnis von Flüssigkeit zu Haferflocken und das Verhältnis von Milch zu Wasser. Diese Version hat mich am meisten überzeugt und ist zudem wohlig wärmend an einem kühlen Herbst- oder Wintertag.

FÜR 2 PORTIONEN

100 ml Milch | 25 g zarte Haferflocken | 25 g kernige Haferflocken | ¼ TL Salz
cremiger Naturjoghurt oder Milch zum Servieren | flüssiger Honig nach Geschmack zum Beträufeln

Die Milch mit 300 ml Wasser in einen kleinen Topf geben und bei mittlerer Hitze einmal aufkochen.

Die Haferflocken einrühren, die Temperatur zurückschalten und das Porridge etwa 10 Minuten ohne Deckel knapp am Siedepunkt simmern lassen. Dabei immer wieder umrühren, damit der Brei nicht am Topfboden anbrennt.

Nach 10 Minuten das Salz dazugeben, gründlich unterrühren und das Porridge weitere 5 Minuten unter Rühren leicht köcheln lassen. Danach vom Herd nehmen, den Deckel auf den Topf setzen und das Porridge noch mal 5 Minuten quellen lassen.

Auf zwei Schüsseln verteilen und wahlweise mit cremigem Naturjoghurt oder Milch servieren und nach Geschmack mit dem Honig beträufeln.

VARIANTE: Die Milchmenge auf 150 ml erhöhen und 2 EL gemahlene Haselnuss- oder Mandelkerne nach Belieben unter die Haferflocken mischen.

HAFERBREI MIT GEBACKENEN BANANEN UND PEKANNÜSSEN

Gerade am Wochenende oder an kalten Wintertagen ist Haferbrei mit einer leckeren Karamellnote ein echter Genuss. Das hat nichts mehr mit dem fiesen Haferschleim zu tun, den man im Schullandheim zum Frühstück serviert bekommen hat, sondern ist echtes Soulfood.

FÜR 1 PORTION

120 ml Milch | 30 g zarte Haferflocken oder Instantflocken | 1 Prise Salz | 1 EL Butter | 2 EL Ahornsirup
1 Banane | 2 EL Pekannusskerne

Die Milch in einem kleinen Topf erhitzen. Haferflocken und Salz dazugeben und bei schwacher Hitze ohne Deckel für 5–10 Minuten unter häufigem Umrühren sanft simmern lassen. Danach vom Herd ziehen, den Deckel auflegen und den Brei weitere 5–10 Minuten quellen lassen.

In der Zwischenzeit eine kleine Pfanne auf mittlere Temperatur erhitzen. Die Butter in der warmen Pfanne schmelzen und den Ahornsirup dazugeben.

Die Banane schälen und in etwa 1 cm dicke Scheiben schneiden. Die Bananenstücke in die Pfanne geben und von jeder Seite für 1–2 Minuten bei mittlerer Hitze braten, bis sie leicht karamellisieren. Zuletzt die Pekannusskerne dazugeben und mit karamellisieren lassen.

Den Haferbrei mit den gebackenen Bananen und karamellisierten Pekannusskernen warm servieren.

QUINOA-PORRIDGE

Quinoa ist ein echtes Allround-Talent und macht auch als Porridge eine gute Figur. Mit Milch und Honig überzeugt sie auch in der süßen Variante und ergibt ein eiweißreiches und sättigendes Frühstück.

FÜR 2 PORTIONEN

250 ml Milch | 100 g weiße Quinoa | 1 Prise Salz | ¼ TL Zimtpulver | 1–2 EL flüssiger Honig zum Beträufeln 1 EL gehackte oder gehobelte Mandeln | frische Beeren zum Servieren

Die Milch in einem kleinen Topf auf mittlere Temperatur erhitzen, die gewaschene Quinoa und das Salz dazugeben und die Mischung unter ständigem Rühren einmal aufkochen lassen. Die Temperatur reduzieren, sodass die Milch immer nur knapp vorm Siedepunkt simmert, und die Quinoa bei offenem Deckel sanft quellen lassen. Dabei immer wieder umrühren, damit die Milch nicht anbrennt. Für 20–25 Minuten simmern lassen, bis die Quinoa gar ist und die Mischung breiartig eingekocht ist. Danach vom Herd ziehen, den Deckel auflegen und die Quinoa für weitere 5 Minuten quellen lassen.

Das Porridge auf zwei Schüsseln verteilen, mit Zimtpulver bestäuben, mit Honig beträufeln, mit Mandeln bestreuen und mit frischen Beeren servieren.

VARIANTE: Fünf Trockenpflaumen mit kochend heißem Wasser übergießen und 10 Minuten ziehen lassen. Die Flüssigkeit abgießen und die Pflaumen in kleine Stücke schneiden. Zusammen mit der Quinoa zur Milch geben und mitkochen. Mit Honig und Zimtpulver servieren oder mit einem Klecks Pflaumenmus garnieren.

FRÜHSTÜCKSSMOOTHIE MIT HAFERFLOCKEN UND BEEREN

Wer morgens nicht frühstückt oder in Eile ist, dem hilft vielleicht ein Frühstückssmoothie auf die Beine. Schnell alles in den Mixer geworfen und fein püriert, hat man ein fabelhaftes Frühstück to go.

FÜR 1 GROSSES GLAS

20 g zarte Haferflocken | 2 TL gemahlene Haselnusskerne | 1 TL geschrotete Leinsamen | 50 g Naturjoghurt 150 ml Milch | 1 Prise Salz | 100 g frische, gemischte Beeren (Erdbeeren, Blaubeeren, Brombeeren, Himbeeren)

Haferflocken, Haselnusskerne und Leinsamen in einen leistungsstarken Mixer geben und fein zerkleinern. Joghurt, Milch, Salz und Beeren dazugeben und auf hoher Stufe zu einem cremigen Smoothie vermixen.

Sofort servieren.

TIPP: Im Sommer einfach eine Handvoll Eiswürfel untermixen und den Frühstückssmoothie eiskalt genießen.

Smoothie

yummy Drinks

FRÜHSTÜCKS-DRINK FÜR MORGENMUFFEL

„Keine Zeit fürs Frühstück" gilt nicht mehr. Dieses blitzschnelle Rezept kriegt jeder Morgenmuffel morgens hin. Wecker nicht gehört und verschlafen? Kein Problem! Schon beim Zähneputzen hat man die drei Zutaten schnell zusammengemixt und kann sich den Drink in einem To-go-Becher mitnehmen, während man zur Bahn sprintet.

FÜR 1 GROSSES GLAS

50 g Müsli (Lieblingsmischung verwenden)
150 g Naturjoghurt
100 ml Orangensaft (frisch gepresst oder als Direktsaft)

Das Müsli in einen leistungsstarken Mixer geben und fein zerkleinern. Joghurt und Orangensaft dazugeben und auf hoher Stufe zu einem cremigen Drink vermischen.

Sofort servieren.

BANANE-MANDEL-SHAKE

Der Powershake für einen optimalen Start in den Tag! Ganze Mandeln werden zu cremiger, gehaltvoller Nussbutter gemixt und anschließend mit Haferflocken, Banane und Milch zu einem protein- und kohlenhydratreichen Shake vermixt. Damit kommen wir auch am schlimmsten Montagmorgen schnell auf die Beine.

FÜR 1 GROSSES GLAS

2 EL ungeschälte Mandeln
25 g zarte Haferflocken
1 Banane
1 EL Ahornsirup
200 ml Milch
1 Prise Salz
1 Prise Zimtpulver

Die Mandeln in einen leistungsstarken Mixer geben und erst zu feinem Mehl, dann zu Nussbutter vermahlen. Den Mixer zwischendurch immer wieder ausschalten, damit die Masse nicht zu heiß wird und gerinnt. Die Haferflocken dazugeben und alles noch mal sehr fein vermixen.

Die Banane in kleine Stücke schneiden und mit dem Ahornsirup, der Milch, dem Salz und dem Zimtpulver zur Nussbutter geben. Alles auf hoher Stufe zu einem cremigen Shake mixen und sofort servieren.

MÜSLI-Snacks

STUDENTENFUTTER-POWER-MÜSLIRIEGEL

Müsliriegel selber zu machen ist kein Hexenwerk – ganz im Gegenteil! Man weiß, was drin ist, kann die Süße nach eigenem Geschmack bestimmen und hat auf Vorrat immer etwas Nervennahrung parat, ob in der Schule, Uni oder am Schreibtisch.

FÜR 20 GROSSE MÜSLIRIEGEL

**400 g kernige Haferflocken | 100 g gehobelte Mandeln | 150 g Kokosflocken | 200 g Studentenfutter
50 g Weizenkleie | 100 g natives Kokosöl | 150 g cremiger Honig | 50 g Rohrohrzucker
1 TL Vanilleextrakt (nach Belieben)**

Den Backofen auf 175 °C Ober- und Unterhitze vorheizen. Eine Backform von 30 x 40 cm und mit mindestens 5 cm hohem Rand großzügig mit Backpapier auslegen, sodass ein Rand übersteht.

Die Haferflocken zusammen mit den Mandeln, den Kokosflocken, dem Studentenfutter und der Weizenkleie in eine sehr große Schüssel geben und alles gründlich vermischen.

Kokosöl, Honig, Zucker und Vanilleextrakt in einen kleinen Topf geben. Bei niedriger Temperatur zum Kochen bringen und ca. 1 Minute lang sanft wallend köcheln lassen, bis sich alles aufgelöst und gut vermischt hat.

Die heiße Mischung über die Flocken gießen und sehr gründlich durchrühren. Kleine Klümpchen sollten etwas auseinandergedrückt werden.

Die Müslimischung in die Backform gleiten lassen, gleichmäßig verteilen und andrücken. Dabei sollte es eine Höhe von ungefähr 0,5–1 cm haben, damit später auch Riegel entstehen können.

Die Form ins untere Drittel des vorgeheizten Ofens einschieben und die Mischung für 25–30 Minuten backen, bis sie goldbraun und knusprig wird und leicht duftet.

Das Backblech auf einem Kuchengitter für 1–2 Stunden auskühlen lassen.

Danach kann die Masse vorsichtig mithilfe des Backpapiers aus der Form gehoben werden. Auf eine Arbeitsfläche legen, die Seitenränder gleichmäßig und gerade abschneiden und mithilfe eines großen Messers etwa 20 Müsliriegel zurechtschneiden.

Luftdicht aufbewahren und innerhalb weniger Tage genießen.

CEREAL POWER

SCHOKO-BANANE-MÜSLIRIEGEL

Gekaufte Schoko-Banane-Müsliriegel sind oft voll von künstlichen Aromen. Hier hat man die perfekte Verwertungsmöglichkeit für reife Bananen und weiß auch noch genau, was im selbst gemachten Riegel alles drinsteckt.

FÜR 8–10 MÜSLIRIEGEL

200 g zarte Haferflocken | 2 EL Weizenkleie | 30 g Rohrohrzucker | 1 Prise Salz | 2 kleine, reife Bananen 2 EL Honig | 1 EL Vanilleextrakt | 75 g backstabile Schokotropfen

Den Backofen auf 175 °C Ober- und Unterhitze vorheizen. Eine Backform von 20 x 30 cm mit Backpapier auslegen.

Haferflocken, Weizenkleie, Zucker und Salz in einer großen Schüssel miteinander vermengen. In einem kleinen Schälchen die Bananen zerdrücken und mit dem Honig und dem Vanilleextrakt verrühren.

Die Bananenmischung und die Schokotropfen zu den trockenen Zutaten geben und alles mit einem Holzlöffel gründlich vermischen. Den Teig in die Form geben, gut andrücken und glatt streichen.

Die Müslimasse im vorgeheizten Backofen für 25–30 Minuten backen, bis die Ränder leicht gebräunt sind. Aus dem Ofen nehmen und auf einem Kuchengitter vollständig auskühlen lassen. Mit einem scharfen Messer in gleichmäßig große Riegel schneiden.

Die Riegel halten sich luftdicht verpackt etwa 1 Woche bei Raumtemperatur.

ZITRONE-MOHN-MÜSLIRIEGEL

Backofen kaputt? Kein Problem, denn dieser Müsliriegel muss nicht gebacken werden und hat trotzdem eine tolle Konsistenz und einen prima Geschmack durch frische Zitrone und kernigen Mohn.

FÜR 8–10 MÜSLIRIEGEL

225 g zarte Haferflocken | 50 g gepuffter Weizen oder Dinkel | 2 EL gemahlener Mohn | 60 g Butter 50 g Rohrohrzucker | 50 g cremiger Honig | abgeriebene Schale von 1 unbehandelten Zitrone Saft von ½ Zitrone | 1 Prise Salz

Eine Backform von 20 x 30 cm mit Backpapier auslegen.

Die Haferflocken, den gepufften Weizen oder Dinkel und den Mohn in einer großen Schüssel gut miteinander verrühren.

Die Butter in einem ausreichend großen Topf schmelzen. Rohrohrzucker, Honig, Zitronenschale, -saft und Salz unterrühren und gründlich vermengen. Die Mischung unter ständigem Rühren aufkochen und etwa 2 Minuten bei niedriger Temperatur sanft köcheln lassen, bis sich der Zucker aufgelöst hat.

Die flüssige Mischung über die trockenen Zutaten in der Schüssel gießen und alles sehr gründlich miteinander vermischen, bis alle Flocken mit der Flüssigkeit überzogen sind.

Die Müslimischung in die Backform geben, gleichmäßig verteilen, fest andrücken und mit einem Gewicht beschweren. Dazu eine Lage Frischhaltefolie oder Backpapier auf die Müslimasse legen und diese dann mit Konservendosen oder einem schweren Topf beschweren.

Die Masse etwa 2 Stunden vollständig auskühlen und fest werden lassen. Dann in gleichmäßig große Riegel schneiden. Luftdicht verpackt halten sich die Riegel einige Tage.

Strawberry
Colada

washed
linen

BRITISCHE FLAPJACKS

Zugegeben, gesund ist anders. Aber der britische Klassiker, bestehend aus Haferflocken, Butter und Zucker, darf auf keinen Fall fehlen. Schon in der einfachen Form macht er süchtig, aber auch die verschiedenen Variationen können sich sehen lassen.

FÜR 16 STÜCK

125 g Butter | 100 g Rohrohrzucker | 50 g heller Sirup | 1 Prise Salz | 250 g kernige Haferflocken

Den Backofen auf 190 °C Ober- und Unterhitze vorheizen. Eine quadratische Backform von 20 cm Seitenlänge mit Backpapier auslegen.

Die Butter in einen großen Topf geben und bei niedriger Temperatur schmelzen lassen. Zucker, Sirup und Salz dazugeben und alles unter Rühren einmal aufkochen lassen. Bei sehr niedriger Temperatur etwa 1 Minute sanft köcheln lassen.

Von der Hitze nehmen, die Haferflocken gründlich unterrühren und die Masse gleichmäßig in die Form streichen. Die Backform in den vorgeheizten Ofen schieben und die Müslimasse etwa 20 Minuten backen, bis die Oberfläche goldbraun ist.

Die Form aus dem Ofen nehmen, die Masse 5 Minuten auskühlen lassen, dann mit einem scharfen Messer erst in vier Quadrate und daraus in schließlich 16 Dreiecke schneiden. Die Riegel sind dabei noch sehr weich, lassen sich aber später dann gut in Stücke brechen.

Nach 10 Minuten aus der Form nehmen und auf einem Kuchengitter vollständig auskühlen lassen. Die Flapjacks halten sich luftdicht verpackt etwa 3–4 Tage frisch.

VARIANTE 1:
Die Haferflocken durch 300 g Müslimischung nach Wahl ersetzen.

VARIANTE 2:
Den hellen Sirup durch Honig ersetzen und zusätzlich zu den Haferflocken 50 g Rosinen unter die Masse rühren.

MÜSLI-MUFFINS MIT APFEL UND WALNÜSSEN

Saftiger Muffin mit knusprigem Müslitopping – das ist immer eine gute Kombination. Bei den drei Varianten sollte da wirklich für jeden Geschmack der passende Muffin dabei sein. Ansonsten sind der Fantasie keine Grenzen gesetzt, die eigenen Lieblingsfrüchte und -nüsse zu verwenden.

FÜR 8 GROSSE MUFFINS

Für die Müsli-Muffins:
150 g Mehl | 100 g zarte Haferflocken | 1 TL Backpulver | 1 Prise Salz | 75 g Rohrohrzucker | ½ TL Zimtpulver
50 g Butter | 1 Ei | 200 g Naturjoghurt oder Buttermilch | 1 großer Apfel | 50 g Walnusskerne

Für das Crunchy-Topping:
50 g kernige Haferflocken | 1 EL Honig | 1 EL Sonnenblumenöl

Den Backofen auf 190 °C Ober- und Unterhitze vorheizen. Ein Muffinblech mit acht Papierförmchen auslegen.

Mehl, Haferflocken, Backpulver, Salz, Zucker und Zimt in einer großen Schüssel gründlich vermischen. Die Butter zerlassen und mit dem Ei in einer weiteren Schüssel mit einem Schneebesen gut durchmixen. Den Joghurt untermischen und alles noch mal gründlich verrühren.

Die flüssige Mischung nun zur trockenen Mischung gießen und alles mit einem Kochlöffel gut umrühren, bis keine trockenen Stellen mehr zu sehen sind.

Den Apfel schälen, vierteln, das Kerngehäuse entfernen und die Apfelviertel in Würfel schneiden. Die Walnusskerne grob hacken. Apfelwürfel und Walnusskerne zum Teig geben und kurz unterrühren. Den Teig gleichmäßig auf die Papierförmchen im Blech verteilen.

Für das Topping alle Zutaten in einer kleinen Schüssel verrühren und gleichmäßig auf den einzelnen Muffins verteilen.

Das Muffinblech in den vorgeheizten Ofen schieben und die Muffins für 20–25 Minuten backen, bis das Topping goldbraun und knusprig ist und die Muffins durchgebacken sind. Stäbchenprobe machen. Sollten die Muffins noch nicht durchgebacken sein, das Blech ggf. mit Alufolie abdecken und die Muffins 5 Minuten weiterbacken. Die Muffins auf einem Kuchengitter auskühlen lassen, luftdicht verpacken und innerhalb von 2 Tagen genießen.

VARIANTE 1:
Den Zimt im Teig weglassen, den Apfel durch eine große, zerdrückte Banane ersetzen und statt der Walnusskerne Pekannusskerne verwenden.

VARIANTE 2:
Den Zimt im Teig weglassen, den Apfel durch 100 g frische Blaubeeren ersetzen und statt der Walnusskerne gehackte oder gehobelte Mandeln nach Belieben verwenden.

WALNUT
APPLE
muffins

YUMMY
CALORIES

MANDEL-ROSINEN-MÜSLIKEKSE

Müsli in Keksform ist nicht nur ein schnelles Frühstück für Eilige, sondern auch ein toller Snack für das Nachmittagstief oder die Kaffeepause – und allemal besser als ein Schokoriegel. Wer Rosinen nicht mag, kann sie auch problemlos gegen getrocknete Cranberrys austauschen. Oder gegen Schokostückchen, aber das habe ich jetzt nicht gesagt …

FÜR CA. 25 KEKSE

100 g weiche Butter | 75 g Rohrohrzucker | 1 Ei | 100 g Mehl | 75 g kernige Haferflocken | 3 EL Haferkleie
½ TL Backpulver | 1 Prise Salz | 2 EL Sonnenblumenkerne | 50 g gehackte Mandeln | 50 g Rosinen

Den Backofen auf 175 °C Ober- und Unterhitze vorheizen. Zwei Backbleche mit Backpapier auslegen.

Butter und Zucker mit dem Handrührgerät in einer großen Rührschüssel schaumig rühren, dann das Ei untermixen.

Mehl, Haferflocken, Haferkleie, Backpulver und Salz in einer separaten Schüssel gut vermischen, dann unter die Buttermasse rühren.

Zum Schluss die Sonnenblumenkerne, die gehackten Mandeln und die Rosinen unter den Teig heben.

Walnussgroße Portionen vom Teig abnehmen, diese zu Kugeln formen und mit ausreichend Abstand zueinander auf die Bleche setzen. Die Kugeln mithilfe der Handfläche oder der Unterseite eines Glases etwas flach drücken, damit die Kekse gleichmäßig backen.

Im vorgeheizten Ofen für 16–18 Minuten backen, bis die Kekse leicht bräunen. Auf einem Kuchengitter auskühlen lassen, dann luftdicht verpacken und innerhalb weniger Tage genießen.

HAFERFLOCKEN-KOKOS-FRÜHSTÜCKSKEKSE

Haferflockenplätzchen werden in meiner Familie seit eh und je gebacken. Zusammen mit zarten Kokosflocken glänzen die Haferflocken hier in knusprig feinem Gebäck, das sich hervorragend zum Kaffee eignet.

FÜR CA. 20 KEKSE

75 g natives Kokosöl | 75 g Rohrohrzucker | 1 Ei | 1 TL Vanilleextrakt | 85 g Kokosflocken
30 g zarte Haferflocken | 50 g Mehl | 3 EL Weizenkleie | 1 TL Backpulver | 1 Prise Salz

Den Backofen auf 175 °C Ober- und Unterhitze vorheizen. Zwei Backbleche mit Backpapier auslegen.

Kokosöl und Zucker in eine große Rührschüssel geben und mit dem Handrührgerät cremig aufschlagen. Das Ei und den Vanilleextrakt dazugeben und alles gründlich miteinander verrühren, bis sich der Zucker weitgehend aufgelöst hat.

In einer weiteren Schüssel die restlichen Zutaten gut miteinander vermischen, dann unter die Kokosöl-Ei-Mischung rühren.

Walnussgroße Portionen vom Teig abnehmen und diese zu Kugeln formen. Die Teigkugeln mit ausreichend Abstand zueinander auf die Bleche setzen. Die Kugeln nun mit der Handfläche oder mithilfe eines Glases vorsichtig etwas flach drücken, damit der Keks gleichmäßig gebacken wird.

Die beiden Bleche nacheinander in den vorgeheizten Ofen schieben und die Frühstückskekse für 18–20 Minuten backen, bis sie goldbraun sind. Vorsichtig vom Blech heben, auf einem Kuchengitter vollständig auskühlen lassen und luftdicht verpacken. Die Kekse halten sich dann ein paar Tage.

YOU
HAPPY

ROHE APFEL-ZIMT-RIEGEL

Statt viel Geld für Powerriegel auszugeben, kann man sie zu Hause einfach selber machen. Mit nur vier Zutaten gelingen diese kleinen Kraftpakete und kommen dabei ganz ohne zusätzlichen Zucker aus. Sie sind außerdem gluten- und laktosefrei und von Natur aus vegan. Und vor allem: sie schmecken ganz köstlich!

FÜR 4 KLEINE MÜSLIRIEGEL

50 g getrocknete Apfelringe
60 g getrocknete und entsteinte Datteln
75 g Cashewkerne
¼ TL Zimtpulver

Alle Zutaten zusammen in einen Multizerkleinerer oder Blitzhacker geben und so lange hacken, bis eine teigähnliche Masse entsteht und die Zutaten sich verbunden haben.

Eine kleine Plastikdose oder Backform mit Frischhaltefolie auslegen und die Apfel-Dattel-Masse hineingeben. Die Masse gleichmäßig etwa 1 cm hoch verteilen und fest andrücken. Mit der Folie abdecken und im Kühlschrank fest werden lassen.

Aus der Folie nehmen und mit einem scharfen Messer in gleichmäßig große Riegel schneiden. Kühl aufbewahren und innerhalb von 1 Woche verbrauchen.

ROHE KOKOS-MANDEL-RIEGEL

Gesunde vegane Riegel ohne Zusätze kosten oft viel Geld. Dabei kann man sie blitzschnell und mit nur wenigen Zutaten zu Hause selber machen. Die Süße kommt dabei allein aus den Datteln, zusätzlicher Zucker ist nicht nötig. Von Natur aus sind die leckeren Riegelchen außerdem gluten- und laktosefrei.

FÜR 4 KLEINE MÜSLIRIEGEL

100 g getrocknete und entsteinte Datteln
50 g ganze Mandeln
30 g Kokoschips
1 TL natives Kokosöl

Alle Zutaten zusammen in einen Multizerkleinerer oder Blitzhacker geben und so lange hacken, bis eine teigähnliche Masse entsteht und die Zutaten sich verbunden haben.

Eine kleine Plastikdose oder Backform mit Frischhaltefolie auslegen und die Kokos-Mandel-Masse hineingeben. Die Masse gleichmäßig etwa 1 cm hoch verteilen und fest andrücken. Mit der Folie abdecken und im Kühlschrank fest werden lassen.

Aus der Folie nehmen und mit einem scharfen Messer in gleichmäßige Riegel schneiden. Kühl aufbewahren und innerhalb von 1 Woche verbrauchen.

ROHE MÜSLI-BITES MIT ERDNUSS-BUTTER

Müsli in Snackform eignet sich prima fürs Büro oder die Uni. Mit einem Bissen sind sie im Mund und liefern schnell Power. Neben klassischen Müslizutaten sorgt hier die ungesüßte Erdnussbutter für eine cremige Konsistenz. Man kann auch jede andere Nussbutter wie zum Beispiel Cashewbutter oder Mandelbutter verwenden, wenn man einen neutraleren Geschmack haben möchte.

FÜR 20–22 BITES

40 g Rosinen
75 g kernige Haferflocken
30 g Sonnenblumenkerne
35 g gehackte Mandeln
2 EL geschrotete Leinsamen
1 EL flüssiger Honig
150 g cremige Erdnussbutter ohne Zucker

Die Rosinen grob hacken, dann zusammen mit Haferflocken, Sonnenblumenkernen, gehackten Mandeln und Leinsamen in eine Rührschüssel geben und gut vermischen. Den Honig gleichmäßig darüberträufeln, dann die Erdnussbutter dazugeben. Die Mischung mit einem großen Löffel gründlich durchmischen und kräftig verrühren, bis eine gleichmäßige Masse entsteht.

Die Müslimasse für etwa 30 Minuten in den Kühlschrank stellen, dann noch mal gut durchkneten und andrücken. Danach gleichmäßig große Stücke von etwa 15 g abnehmen und in den Handflächen zu Kugeln formen.

In einen luftdichten Behälter füllen, im Kühlschrank aufbewahren und innerhalb weniger Tage verbrauchen.

FEIGEN-BITES MIT SESAM

Energy Balls sind kleine Kraftpakete aus Nüssen und Früchten, die uns schnell Power geben. Und das viel gesünder und sinnvoller als es ein Schokoriegel kann. Datteln ersetzen hier auf natürliche Weise den Zucker, Feigen liefern Geschmack und Walnusskerne und Cashewkerne bringen Proteine und Textur in die kleinen Bällchen. Sie gelingen besonders gut mit so genannten Soft-Feigen. Alternativ muss man vielleicht etwas Wasser zur Masse geben, damit sie sich richtig verbindet.

FÜR 20–22 BITES

100 g getrocknete Feigen ohne Stiel
75 g getrocknete und entsteinte Datteln
50 g Walnusskerne
50 g Cashewkerne
1 Prise Salz
1 Prise Zimtpulver
ungeschälter weißer Sesam zum Wälzen

Alle Zutaten zusammen in einen Multizerkleinerer oder Blitzhacker geben und 20–30 Sekunden hacken, bis eine kompakte Masse entsteht. Die Masse etwa 30 Minuten in den Kühlschrank stellen, um sie etwas fester werden zu lassen.

Danach gleichmäßig große Stücke von etwa 15 g abnehmen und zwischen den Handflächen zu Kugeln formen, dann im Sesam wälzen. Luftdicht verpacken, im Kühlschrank aufbewahren und innerhalb von 1 Woche verbrauchen.

ENJOY

POWER BALL'S

Kakao-Chia-Bites

FÜR 14–16 BITES

50 g Chia-Samen
1 EL ungesüßtes Kakaopulver
25 g zarte Haferflocken
35 g gehackte Mandeln
50 g getrocknete Aprikosen
50 g getrocknete und entsteinte Datteln
45 g cremiger Honig
1 Prise Zimtpulver
Kokosflocken zum Wälzen

Chia-Samen, Kakao, Haferflocken und Mandeln in einem Multizerkleinerer oder Blitzhacker fein zerkleinern. Mit Aprikosen, Datteln, Honig und Zimt unter weiterem Zerkleinern zu einer festen Masse verarbeiten.

Für 30 Minuten kühlstellen. Danach gleichmäßig große Stücke von etwa 15 g abnehmen und zwischen den Handflächen zu Kugeln formen. In den Kokosflocken wälzen. Luftdicht verpacken, im Kühlschrank aufbewahren und innerhalb von 1 Woche verbrauchen.

Cranberry-Mandel-Bites

FÜR 16–18 BITES

70 g ganze Mandeln
75 g getrocknete Cranberrys
75 g getrocknete und entsteinte Datteln
50 g kernige Haferflocken

Alle Zutaten zusammen in einen Blitzhacker oder Multizerkleinerer geben und zu einer gleichmäßigen, teigähnlichen Masse zerhacken. Für 30 Minuten kühlstellen, danach gleichmäßig große Stücke von etwa 15 g abnehmen und zwischen den Handflächen zu Kugeln formen. Luftdicht verpacken, im Kühlschrank aufbewahren und innerhalb von 1 Woche verbrauchen.

Haferflocken-Rosinen-Walnuss-Bites

FÜR 18–20 BITES

60 g zarte Haferflocken | 80 g Walnusskerne | 160 g Rosinen | 1 Prise Salz

Haferflocken und Walnusskerne in einen Blitzhacker oder Multizerkleinerer geben und fein hacken. Rosinen und Salz dazugeben und so lange hacken, bis eine gleichmäßige Masse entsteht. Sollte die Masse zu weich sein, für weitere 30 Minuten in den Kühlschrank stellen.

Danach gleichmäßig große Stücke von etwa 15 g abnehmen und in den Handflächen zu Kugeln formen. In einem luftdichten Behälter im Kühlschrank aufbewahren und innerhalb von 1 Woche verbrauchen.

REGISTER

BEZUGSQUELLEN

Müslischalen, Löffel, Dekomaterial

Mit herzlichem Dank für die zur Verfügung gestellten Utensilien

die Schönhaberei

Die Schönhaberei
Angela Huttner
Frieda-Forster-Straße 52
86399 Bobingen
www.schoenhaberei.de

Mit herzlichem Dank für die zur Verfügung gestellten Utensilien

n·i·k nostalgie im kinderzimmer

Nostalgie im Kinderzimmer
Maria-Lehner-Straße 1
81671 München
www.nostalgieimkinderzimmer.de

Müslizutaten

Alnatura
http://www.alnatura.de/

Davert
http://www.davert.de/

MorgenLand
http://www.morgenland.biz/

RAPUNZEL
http://www.rapunzel.de/

Spielberger Mühle
http://www.spielberger-muehle.de/

Bauck Hof
http://www.bauckhof.de/

Seeberger
http://www.seeberger.de/

Rosengarten
http://www.rosengarten-naturkost.de/

Emil-Hoffmann-Straße 1
D-50996 Köln

Texte und Rezepte: Maja Nett
Fotografie: Maria Brinkop, Nordstemmen
Layout und Umschlaggestaltung: Dirk Wagner, Stutensee
Satz: Achim Münster, Overath
Redaktion: Svenja K. Sammet
Gesamtherstellung: Fackelträger Verlag GmbH, Köln

ISBN 978-3-7716-4618-9
Printed in Poland

www.fackeltraeger-verlag.de